Ich singe um mein Leben

Roman in Einfacher Sprache
über Edith Piaf

Spaß am Lesen Verlag
www.einfachebuecher.de

Dieses Buch gehört zu der Reihe: Starke Frauen

Autorin: Marion Döbert
Bild Seite 196: Studio Harcourt, gemeinfrei

© 2022 | Spaß am Lesen Verlag, Münster.

ISBN 978-3-948856-55-7

Marion Döbert

Ich singe um mein Leben

Roman in Einfacher Sprache über Edith Piaf

Schwierige Wörter oder Ausdrücke sind <u>unterstrichen</u>. Die Erklärungen stehen in der Wörterliste am Ende des Buches.

Inhalt

Was ist die Wahrheit?

Ich schaue aus dem strahlend blauen Himmel.
Ich bin weit weg von den Menschen da unten.
Ich sehe, wie sie zusammenstehen.
Wie sie über mich reden.
Ich höre, welche Geschichten
sie über mich erfinden.
Jeder will es besser wissen:
Wie war das Leben von Edith Piaf?

Aber es gibt keine Wahrheit über mich.
Nicht einmal ich selber kenne sie.
Und wenn ich sie kennen würde,
würde ich sie immer wieder verändern.

Mein Leben war ein dramatischer Roman.
Mit allem, was dazugehört:
Armut, Gewalt, Mord, Drogen.
Einsamkeit, Sehnsucht, Sex und Liebe.
Ich war oft stark.
Ich war oft schwach.
Ich bin gescheitert.
Ich bin immer wieder aufgestanden.
Ich habe um mein Leben gesungen.
Bis zum bitteren Ende.
Und ich bereue nichts.

Paris 1915

Auf dem Bürgersteig drängen sich die Menschen.
Es ist eisig kalt.
Zu Hause ist es auch nicht besser.
Kohlen sind teuer.
Zum Heizen fehlt das Geld.

Auf den Straßen fahren Pferdekutschen.
Aus den dreckigen Pfützen spritzt das Wasser hoch.
Überall in den Gossen liegt Müll.
Ratten nagen an den Abfällen.

In Hauseingängen stehen Frauen.
Wenn ein Mann vorbeigeht,
zeigen sie ein Stück ihrer nackten Haut.
Sie lachen mit ihren knallroten Lippen.
Einige Frauen riechen nach Schnaps.
Manche sind so betrunken,
dass sie kaum noch stehen können.
Wenn ein Polizist auftaucht,
verschwinden die Frauen im Dunkel der Gänge.

Abends machen die Nachtclubs auf.
Die *Cabarets* von Paris.
Im Stadtteil Belleville ist ein Club
neben dem anderen.
Auf den Bühnen laufen Shows.

Die Bands spielen ohrenbetäubend laut.
Das Publikum kreischt.
Alkohol fließt in Mengen.
Bis in den frühen Morgen hinein wird getanzt.

Oft endet alles in einer Schlägerei.
So geht es Abend für Abend.
Morgens wird der Dreck aus den Lokalen
in die Gosse gekehrt.
Müde gehen die Menschen dann zur Arbeit.
Oder sie irren arbeitslos
durch das Gewirr der Straßen.

„Hilfe!", schreit ein Mann.
„Kommen Sie schnell!", ruft er einem Polizisten zu.
„Da hinten liegt eine Frau.
Da hinten im Hauseingang."

Aufgeregt zieht der Mann den Polizisten mit sich.
Vor dem Haus, Rue Belleville Nummer 72,
bleiben sie stehen.
Eine Frau windet sich vor Schmerzen.
Sie hält sich den Bauch.
Krämpfe schütteln sie.
Die Nachbarn sind aus den Häusern gekommen.
Hilflos stehen sie um die Frau herum.
„Annetta Gassion", sagt einer.
„Das ist Annetta.

Die Sängerin aus den Nachtclubs.
Sie wohnt hier im Haus.
Sie bekommt ein Kind."

Der Polizist treibt die Neugierigen auseinander.
„Verschwinden Sie! Alle weg hier!"
Einem Jungen befiehlt er:
„Hol sofort einen Krankenwagen!
Lauf, so schnell du kannst!"

Dann legt er seinen Umhang um die Frau.
Annettas Gesicht ist vor Schmerz verzerrt.
Ihr Atem rast.
Der Polizist stützt ihren Rücken.

Die Abstände zwischen den Krämpfen
werden immer kürzer.
Sie stöhnt.
Sie schreit.
Sie krallt ihre Finger in die Hand des Polizisten.
Plötzlich lehnt sie sich zurück.
Zwischen ihren Beinen liegt ein Kind.
Ein Neugeborenes.
Winzig klein und hilflos.

Dieses Kind war ich.
Am 19. Dezember 1915 wurde ich
im Dreck von Belleville geboren.

Auf dem Umhang eines Polizisten
in einem Hauseingang.
Und wo war mein Vater?
Mein Vater, <u>Louis Gassion</u>?
Er war zu der Zeit in der Kneipe.
Irgendwo in einer Bar im Viertel.
Saufen war er.
Wie immer.

Mein Vater, der Zirkusartist.
Als Schlangenmensch verbiegt er sich.
So, als hätte er keine Knochen.
Und genauso schlängelt er sich durch das Leben:
Nie zu Hause.
Immer auf der Suche nach Frauen.
Immer auf der Suche nach Alkohol.

Nach meiner Geburt nannten mich
meine Eltern Edith.
Edith Giovanna Gassion.
Das stimmt.

Aber mit meiner Geburt,
das könnte auch anders gewesen sein.
Angeblich soll ich in einem stinknormalen
Krankenhaus das Licht der Welt erblickt haben.
Im Krankenhaus *Tenon* in der Rue de la Chine.
So steht es jedenfalls in den Akten vom Krankenhaus.

Mein Vater soll zu der Zeit
gar nicht in Paris gewesen sein.
Er war wohl im Krieg.
Aber eine Geburt in einem Krankenhaus
ist mir viel zu langweilig.
Zu einem dramatischen Roman passt besser
eine dramatische Geburt.

Ich bin also im Dreck von Belleville
am 19. Dezember 1915
auf dem Mantel eines Polizisten geboren worden.

Verlassen

„Was soll ich nur mit dem Kind?", jammert Annetta.
„Seit Monaten sitze ich hier zu Hause.
Mit Edith auf dem Arm kann ich nicht
in den Cabarets singen.
Louis kann wenigstens in den Krieg abhauen,
der Scheißkerl.
Und saufen gehen kann er auch,
wann immer er will.
Ich will wieder zurück in die Nachtclubs.
Ich muss hier raus."

Über dem Waschbecken in der Küche
hängt ein stumpfer Spiegel.
Annetta betrachtet ihr blasses Gesicht darin.
Sie kämmt sich ihre schwarzen Haare.
Sie färbt sich ihre Lippen rot.
Annetta schwört sich:
„Ab heute werde ich wieder singen."

Sie packt Edith in eine warme Decke ein.
Dann schlüpft sie in ihren Mantel.
Mit Edith auf dem Arm läuft sie die Treppe hinunter.

Vor dem Haus spielen Kinder
Fangen und Verstecken.
Mädchen haben Puppen aus Lumpen in den Armen.

Sie spielen Vater, Mutter, Kind.
Von den Kindern haben viele keinen Vater mehr.
Sie sind im Krieg umgekommen.
Oder sie sind nie wieder zurückgekehrt.

„Hier", sagt Annetta zu den Mädchen.
„Passt gut auf Edith auf!
Ich bin gleich zurück."
Die Mädchen beugen sich über Edith.
Jetzt haben sie endlich ein echtes Kind zum Spielen.

Tag für Tag liefert Annetta ihre Edith
bei den Kindern ab.
Tag für Tag stellt sie sich an die Straßenecken
und singt.
Die Passanten belohnen sie
mit kleinen Geldstücken.
Immerhin, ein karges Einkommen.
„Im Nachtclub könnte ich mehr verdienen",
denkt Annetta.
„Aber wohin mit dem Kind?
Am besten bringe ich sie zu Aischa."

Annetta weiß, dass ihre Mutter Aischa
keine gute Lösung ist.
Ihre Mutter und sie haben immer im Zirkus gelebt.
Die große Zirkusfamilie war immer unterwegs.
Und Annetta war stets mit auf Reisen.

Auf den Jahrmärkten hat sie Süßigkeiten verkauft.
Irgendeiner hat sich immer
um die Zirkuskinder gekümmert.
Jeder hat jedem geholfen.

Seit Aischa in Belleville lebt,
ist sie ganz auf sich alleine gestellt.
Ohne ihre Zirkusfamilie kommt sie
nicht mehr zurecht.
Ihre Einsamkeit ertränkt sie in Alkohol.
Aischa hat keinen Sinn mehr
für Ordnung und Sauberkeit.
Der Alkohol hat sie fest im Griff.
„Aischa ist wirklich keine gute Lösung.
Aber wohin soll ich sonst mit Edith?",
fragt sich Annetta.

Annettas Mutter wohnt nicht weit weg.
Nur ein paar hundert Meter
durch die Straßen von Belleville.
Annetta steht vor dem heruntergekommenen Haus.
Im Treppenhaus ist kein Licht.
Mit dem Baby auf dem Arm tastet sie sich
die Stufen hinauf.
Bis ganz oben.

Annetta klopft an die Tür der Dachkammer.
Aischa öffnet die quietschende Holztür.

Ein unerträglicher Gestank
kommt aus dem winzigen Raum.
Stickig und feucht und faulig riecht es.
Am liebsten würde Annetta wieder umdrehen.
Aber sie hat keine andere Wahl.
Wenn sie wieder Geld in den Clubs verdienen will,
muss sie Edith hierlassen.
Und sie braucht das Geld,
um Essen kaufen zu können.

Annetta tastet sich durch das Treppenhaus
wieder nach unten.
Im Flur hört sie Edith schreien.
Das Kind ist noch zu klein,
um dies alles zu begreifen.
Aber das Kind spürt, dass es verlassen wird.
Es bleibt allein zurück mit der Großmutter Aischa.
Mit einer Frau, die nicht einmal mehr
für sich selber sorgen kann.

Elend

Im Pariser Stadtteil Belleville wird die Armut
immer größer.
In ganz Paris gibt es immer weniger zu essen.
Aber in Belleville wohnen die Ärmsten der Armen.
Kaum jemand hat noch Arbeit.
Diebstahl und Gewalt herrschen im Viertel.
Nachts traut sich niemand auf die Straßen.

Edith wird immer schwächer.
Viel zu klein ist sie schon auf die Welt gekommen.
Und nun bekommt sie nichts Vernünftiges zu essen.
Ihre Knochen sind zu weich.
Das Kind wächst und wächst nicht.
Tag für Tag liegt Edith auf ihrem dunklen Lager
auf der Erde.
Sie starrt an die schmutzige Decke.
Sie lallt vor sich hin.
Selbst zum Weinen ist sie zu schwach geworden.

Großmutter Aischa weiß nicht,
was sie machen soll.
Rotwein hilft bestimmt, denkt sie.
Und so füllt sie billigen Wein mit Wasser
in das Babyfläschchen.
Vielleicht wärmt der Wein das Kind.
Vielleicht bekommt es dadurch rote Wangen.

Und bestimmt hört es dann auf zu jammern.
Aber der Alkohol macht Edith noch apathischer.
In der dunklen Kammer dämmert sie vor sich hin.
Über zwei lange Jahre.
Ohne Eltern.
Ohne Liebe.
Ohne kindliches Glück.

Läuse

Louis steht vor der Haustür.
Er freut sich auf Annetta und Edith.
Ein paar Tage Heimaturlaub hat er bekommen.
Mit strahlendem Lächeln begrüßt er
die Concièrge.
„Wollen Sie zu Ihrer Frau?",
fragt die Concièrge mürrisch.

„Natürlich will ich zu meiner Frau.
Und zu meiner Tochter.
Edith muss schon richtig groß sein."
Die Concièrge sieht ihn überrascht an.
„Wissen Sie denn nicht Bescheid?
Ihre Frau ist weg.
Und das Kind auch.
Abgehauen ist Ihre Frau.
Will woanders ihr Glück versuchen."

„Und Edith?", fragt Louis erschrocken.
„Hat sie das Kind mitgenommen?"
„Nein", sagt die Concièrge.
„Das Kind ist bei Annettas Mutter."

Louis ist entsetzt.
Annetta hat das Kind also bei Aischa abgegeben.
Wütend stürzt er aus dem Haus.

Die Tür von Aischas Dachkammer ist nur angelehnt.
Louis lauscht.
Nichts ist zu hören.
Er schiebt die Tür auf.
„Aischa?", ruft er in den dunklen Raum.
„Aischa?"
Niemand ist da.

Plötzlich hört Louis ein Wimmern.
Im Schein einer Kerze entdeckt er Edith.
Ein kleines Bündel,
das auf einer dreckigen Decke liegt.
Louis beugt sich hinunter.
„Mein Gott!", stöhnt er.
„Was haben sie mit dem Kind gemacht?"

Edith sieht ihn mit großen, erschrockenen Augen an.
Ihre Haare kleben um das kleine Köpfchen.
Die Kopfhaut ist zerkratzt.
„Läuse", sagt Louis.
Er schiebt vorsichtig die Decke beiseite.
Ediths Haut ist überzogen von dunklen Krusten.
Bis auf die Knochen ist sie abgemagert.
Behutsam wickelt Louis das Kind in die Decke ein.
Er bläst die Kerze aus.
Er bringt Edith aus der Wohnung.
„Jetzt gibt es nur noch eine einzige Lösung",
sagt er zu sich selbst.

Großmutter Leontine

„Jetzt bleibt nur noch meine eigene Mutter",
denkt Louis.
„Hoffentlich nimmt sie Edith bei sich auf."
Bei dem Gedanken daran fühlt er sich nicht wohl.

Seine Mutter Leontine Gassion wohnt
in einer Kleinstadt, in Bernay.
Die Stadt liegt 130 Kilometer nördlich von Paris.
Bernay ist umgeben von Getreidefeldern.
Die Bewohner sind sehr fromm und gläubig.
Alles ist ruhiger in Bernay als in Belleville.
Vor allem ist es dort nicht so dreckig.
Edith könnte bei seiner Mutter
wieder zu Kräften kommen.
Wenn Leontine nur nicht
dieses merkwürdige Geschäft betreiben würde.

Ein paar Tage später steht Louis mit Edith
auf dem Arm vor dem Haus von seiner Mutter.
Eine junge Frau öffnet die Tür.
Ihr langes Haar fließt über ihre nackten Schultern.
„Oh, ein Kind!", ruft sie entzückt.
„Wen haben wir denn da?
Guten Tag, Monsieur."
Sie strahlt Louis an.
„Louis Gassion", stellt er sich der jungen Dame vor.

„Und das ist meine Tochter, Edith.
Ich möchte meine Mutter sprechen,
Madame Leontine Gassion."

„Aber ja doch", strahlt die junge Frau
und streicht Edith über die Wange.
„Ich sage Maman Tine Bescheid.
Sie können im Salon auf sie warten."

Maman Tine, das hat Louis
schon lange nicht mehr gehört.
So nennen die angestellten Frauen seine Mutter.
Für sie ist Leontine viel mehr als nur eine Chefin.
Sie ist wie eine Mama für sie.

Erst ist seine Mutter nicht begeistert.
Aber als Edith sie mit ihren großen Augen ansieht,
sagt Leontine:
„Das Kind kann hierbleiben.
Es muss erst einmal zu Kräften kommen."
Louis nickt.

Während der Unterhaltung geht die Tür
immer wieder einen Spalt auf.
Neugierig kichern die Frauen auf dem Flur.
Jede will unbedingt Edith sehen.
Eine flüstert leise:
„Das wird mein Baby, das sage ich euch."

„Nein, meins", sagt eine andere.
„Nein, meins", sagt eine Dritte.

„Wir werden unser Bestes tun für Edith",
sagt Leontine.
„Sie ist schließlich meine Enkelin.
Aber glaubst du, dass hier der richtige Ort für sie ist?
Ich habe noch nie gehört,
dass ein Kind in einem Bordell aufwächst.
Na ja, schlimmer als bisher wird es Edith hier
nicht gehen."

Erleichtert fährt Louis nach Paris zurück.

Blind?

„Ich kämme ihr das Haar."
„Nein, ich bin heute damit dran."
„Du kannst ihr die Schleifen ins Haar binden."
„Ich will Edith etwas vorlesen."
„Du warst doch schon gestern dran.
Heute lese ich ihr vor."
„Edith, sollen wir ein schönes Lied singen?"
„Sollen wir alle zusammen singen?"

Die jungen Frauen lieben Edith und verwöhnen sie.
Sie spielen und tanzen mit ihr.
Wenn sie gerade keine Kunden bedienen müssen.
Ediths Gegenwart hilft ihnen,
die Kunden für einen Moment zu vergessen.
Das zu vergessen,
was ihnen die Männer oft antun.
Die Arbeit im Bordell hat nichts mit Liebe zu tun.

Durch Edith werden die jungen Frauen
an ihre eigenen Kinder erinnert.
Kinder, die sie wegen ihrer Arbeit
zurücklassen mussten.
Kinder, die ihnen von der Fürsorge
weggenommen wurden.
Sie können Edith all das schenken,
was sie ihren eigenen Kindern nicht geben können.

Edith wächst immer noch nicht schnell.
Aber nach und nach wird sie kräftiger.
Die jungen Frauen kümmern sich
um ihre Erziehung.
Sie bringen ihr das Sprechen bei.
Sie lassen sie Gedichte und Lieder auswendig lernen.
Und manchmal stellen sie die Kleine
auf den Tisch im Salon.
„Sing uns etwas vor, Edith!", rufen sie.

Und Edith singt.
Sie freut sich, im Mittelpunkt zu stehen.
Mit ihrem hübschen Kleidchen
und mit der Seidenschleife im Haar.
Sie singt und verbeugt sich.
Wie auf einer Bühne.
Die jungen Frauen applaudieren.
Sie umarmen Edith
und überschütten sie mit Küssen.
Das Kind sieht glücklich auf sein Publikum.

Doch eines Tages wird das Glück überschattet.
Edith wacht morgens in ihrem Bettchen auf.
Ihre Augen sind verklebt.
Durch einen winzigen Spalt sieht sie
nur graue Schleier.
„Ich kann euch fast gar nicht mehr sehen",
sagt Edith zu den Frauen.

„Und meine Augen jucken und tun so weh",
jammert sie.
Leontine lässt den Arzt rufen.

„Nun", sagt der Doktor nach der Untersuchung.
„Edith hat eine schwere Augenentzündung.
Viel kann man dagegen nicht machen.
Wir können es mit Salben und Tropfen versuchen.
Und die Augen müssen unbedingt
verbunden werden."

„Ist es heilbar?", fragt Leontine besorgt.
„Das weiß man nie", sagt der Arzt.
„Im schlimmsten Fall wird Edith blind."

Eines Tages kommt Edith in den Salon.
Die Frauen warten auf ihre Kunden.
Ediths Augen sind mit einem Tuch verbunden.
Mit beiden Händen tastet sie sich durch den Raum.
Vorsichtig setzt sie einen Fuß vor den anderen.
„Ich werde bestimmt blind", sagt sie weinend.
Ich werde euch nie wieder sehen können.
Und die Sonne auch nicht."

Erschrocken springen alle auf.
Eine der Frauen nimmt das Kind in die Arme.
„Mein armer Liebling", sagt sie.
„Mein armer Liebling."

Die kleine Therese

„Wenn die Ärzte nichts machen können",
sagt eine der Frauen, „dann sollten wir beten."
„Beten?", fragen die anderen und grinsen.
„Der Arzt macht Salbenverbände",
sagt Großmutter Leontine.
„Und Edith bekommt auch Tropfen.
Aber ob das hilft, weiß ich nicht."

„Lasst uns mit Edith nach Lisieux fahren!",
schlägt eine der Frauen vor.
„Nach Lisieux fahren doch alle,
die nicht mehr weiterwissen.
Wir beten einfach zu der kleinen Therese
von Lisieux.
Diese Nonne hat vielen Menschen
aus ihrer Not geholfen.
Sie hat auch mal versprochen,
dass sie rote Rosen vom Himmel regnen lässt.
Für Menschen, die Gutes tun."

Eine andere der Frauen sagt:
„Die Leute haben schon Wunder am Grab
von dieser Therese erlebt.
Todkranke Menschen sind ganz plötzlich
wieder gesund geworden.
Vielleicht hört sie ja auch auf uns."

Leontine sagt:
„Egal, was man von Wundern hält:
Edith muss bald zur Schule gehen.
Sie muss wieder sehen können.
Nächste Woche fahren wir nach Lisieux.“

Ein paar Tage später fahren alle dorthin:
die fünf Huren, Großmutter Leontine und Edith.
Das ganze Dorf sieht ihnen hinterher.
Manche rufen böse Worte:
„Seht an, die Huren fahren zum Beten!“

In Lisieux bitten die Frauen
die kleine Therese um Hilfe.
Leontine steckt eine Kerze für Edith an.
Dabei hält sie Ediths Hand
in ihren warmen Händen.

Nach der Fahrt nach Lisieux
kehrt der Alltag zurück.
Die jungen Frauen sitzen morgens im Salon.
Sie rauchen und frisieren sich gegenseitig
die Haare.
Sie feilen ihre Fingernägel.
Sie faulenzen im Unterrock
in den roten Sesseln aus Samt.
Sie lachen oder schimpfen über ihre Kunden.
So vergeht ein Tag nach dem anderen.

Eines Morgens kommt Edith in den Salon gelaufen.
„Ich brauche das hier nicht mehr", sagt sie fröhlich.
Mit der Augenbinde in der Hand läuft sie
zu ihrer Großmutter.

„Edith kann sehen!", rufen die Frauen aufgeregt.
„Heiliger Bimbam!", sagt eine der Frauen.
„Und ich habe dieser Therese
nicht über den Weg getraut."
„Aber jetzt ist Edith gesund", sagt Maman Tine.
„Das wird heute richtig gefeiert."

Am nächsten Tag kommt der Arzt vorbei.
An das Wunder von Lisieux glaubt er nicht.
„Die Tropfen und Salben haben gewirkt", sagt er.
„Und Ediths Augen wurden geschont.
Das hat geholfen.
Die Entzündung ist jedenfalls ausgeheilt."

Zufrieden packt der Arzt seine Tasche.
Als er geht, flüstert Edith leise:
„Und es war doch die kleine Therese!"

Vorbei!

Edith genießt das neue, unbeschwerte Leben.
Auch die Schule macht ihr Spaß.
Fröhlich tanzt sie durch den Salon und singt:
„Sehen! Sehen! Ich kann alles sehen!
Die Vögel, den Himmel, das Licht …"
„Was für ein süßes Kind", sagen die jungen Frauen.
Dabei denken sie sehnsüchtig
an ihre eigenen Kinder.

Nur Großmutter Leontine kann sich
nicht richtig freuen.
Leontine macht sich Sorgen um Ediths Zukunft.
Die Gedanken kreisen in ihrem Kopf:
Edith kann nicht weiter in diesem Bordell bleiben.
Sie ist schon sieben Jahre alt.
Sie wird immer besser verstehen,
was hier vor sich geht.
Jetzt machen auch noch die Eltern
von den anderen Kindern Druck.
Edith soll von der Schule runter.
Weil sie in einem Bordell aufwächst.
Was kann denn das Kind dafür?
Aber Edith muss auf jeden Fall hier weg.

Eines Tages steht Ediths Vater Louis vor der Tür.
Er hat einen großen, leeren Koffer mitgebracht.

Leontine hatte vor ein paar Tagen
mit ihm gesprochen.
Und auch der Pfarrer hat zu ihm gesagt:
„Das Kind darf nicht länger
in diesem Haus der Sünde bleiben."
Nun ist Louis gekommen, um Edith zu holen.

„Es wird dir gut gehen bei mir", sagt er zu Edith.
„Wir fahren mit einem Zirkus mit.
Das wird dir gefallen.
Ich trete in der großen Manege auf.
Und du kannst singen, so viel du willst."

Edith hält sich an der Hand ihrer Großmutter fest.
Unsicher schaut sie in die Gesichter der Frauen.
Die Frauen sehen entsetzt zu Louis.
Er will ihnen das Kind wegnehmen?
Ihre Edith?
Ihren Liebling?
Und Edith soll mit einem Zirkus rumtingeln?

„Du gehst natürlich auch zur Schule", sagt Louis.
„Da lernst du auch lesen und schreiben."
Großmutter Leontine glaubt ihm kein Wort.
Louis wird das Kind nur für sich arbeiten lassen.

Edith hält die Hand ihrer Großmutter noch fester.
Louis wird ärgerlich, weil Leontine zögert.

„Du hast selbst gesagt,
ein Bordell ist nichts für ein Kind.
Pack Ediths Sachen ein!
Ich warte hier unten, bis ihr fertig seid."

Als die Haustüre zuschlägt,
eilen die jungen Frauen ans Fenster.
Louis hebt Edith auf die Pferdekutsche.
Großmutter Leontine zieht das weinende Kind
noch einmal fest an sich.
Dann dreht sie sich um und geht ins Haus zurück.

„Vorbei!", sagt eine der Frauen am Fenster.
„Jetzt ist das ganze Glück vorbei."
Die Frauen ziehen sich in ihre Zimmer zurück.
Jede weint für sich allein.

Auf der Straße

Edith und Louis sind seit Monaten
mit dem Zirkus unterwegs.
Edith singt in der Manege.
Louis tritt als Schlangenmensch auf.
Die Auftritte machen Edith Spaß.
Wenn sie singt, ist sie in einer anderen Welt.
Der Applaus des Publikums
ist wie ein Rausch für sie.

Edith mag auch das Herumreisen.
Jeder Ort ist anders.
Ab und zu kann sie in eine Schule gehen.
Aber viel lernt sie nicht.
Denn nach ein paar Tagen geht es weiter
in den nächsten Ort.
Das Zirkusleben gefällt Edith.
Nur nicht die Abende.

Fast jeden Abend ist ihr Vater betrunken.
Alle paar Tage bringt er eine fremde Frau mit.
„Eine neue Mutter für dich", sagt er dann lallend.
Oft schlafen sie zu dritt
in dem kleinen Wohnwagen.
Nacht für Nacht liegt Edith wach in ihrem Bett.
Wenn der Vater betrunken ist,
schlägt er sie.

Eines Tages geht es zurück nach Paris.
Edith ist 15 Jahre alt.
Jeden Tag singt sie auf den Straßen von Belleville.
Inzwischen verdient sie damit mehr Geld
als ihr Vater mit seiner Akrobatik.
Im ganzen Viertel ist sie bekannt
als die freche, singende Göre.
Ein Kind der Straße, das sich durchsetzen kann.
Eine, die mit dem Zirkus rumgetingelt ist.
Ein junges Mädchen,
das die Härte des Lebens kennt.

Und nun tritt sie hier auf.
Ein Stimmwunder, das im Elend von Belleville singt.
Die Leute lieben Ediths Lieder.
Alle hören zu:
Die Marktfrauen, die alten Mütterchen,
die Arbeitslosen, die Huren aus Belleville.
Wenn Edith singt, vergessen sie ihr Elend.
Dann vergisst Edith auch ihr eigenes Elend.
Für einen Augenblick wenigstens.

Ediths Eltern haben sich inzwischen
scheiden lassen.
Obwohl sie noch einmal
ein Baby bekommen haben.
Edith darf ihren Bruder Herbert aber nicht sehen.
Denn Annetta ist wieder abgehauen.

Sie ist auf Tournee in der Türkei.
Das Baby hat sie bei der Fürsorge abgegeben.

Eines Tages zieht bei Louis und Edith
eine der neuen Mütter ein.
Sie heißt Jeanne.
Jeanne erwartet ein Kind von Ediths Vater.
Das Kind soll Denise heißen.
Denise wird von Louis und Jeanne liebevoll umsorgt.
Edith spürt, wie sehr sie selbst nach Liebe hungert.
Nach einer Liebe, die sie nie
von ihren Eltern bekommen hat.

„Ich gehöre nicht hierher",
sagt Edith zu ihrem Vater.
„Ich störe nur euer Glück. Ich gehe fort."
Louis ist nicht einverstanden.
Aber schließlich muss er Edith nachgeben.

Ja, das kann ich, Edith, nur bestätigen:
Immer wieder bin ich abgehauen
von meinem Vater.
Jedes Mal hat er mich wieder zurückgeholt.
Aber dann lässt er mich endlich gehen.
Jetzt entscheide ich allein über mein Leben.
Schließlich bin ich schon 15.
Ab jetzt schreibe ich den Roman meines Lebens
selber weiter.

Freundin Momone und erste Liebe

„Wir werden uns schon durchschlagen, Edith",
sagt Momone zu mir.
„Aber das schaffen wir nur zusammen",
sage ich zu meiner Freundin.
Wir haben uns in Belleville getroffen.
Seitdem sind wir unzertrennlich.

„Ab sofort bist du meine Schwester",
beschließt Momone.
„Gut", antworte ich.
„Wir sagen aber besser, wir wären Halbschwestern.
Das glaubt man uns eher.
Außerdem müssen wir uns mit ein paar Jungs
aus dem Viertel anfreunden.
Wir brauchen Kerle, die uns im Notfall beschützen."

Momone nickt.
„Ja, sonst landen wir doch nur auf dem Strich.
Erst macht dich ein Kerl an und küsst mit dir rum.
Dann faselt er was von großer Liebe.
Und plötzlich fragt er dich:
Willst du vielleicht mein Pferdchen sein?
Als sein Pferdchen musst du dann
mit fremden Kerlen ins Bett.
Und dein Zuhälter kassiert das ganze Geld.
Wenn du Glück hast, kriegst du Fusel oder Drogen.

36

Dann kommst du gar nicht mehr weg von dem Kerl.
Weil du immer mehr Drogen brauchst.
Also musst du mit noch mehr
fremden Kerlen schlafen.
So lange, bis du nicht mehr weißt,
wer du eigentlich bist.
Wir machen das anders, Edith.
Ich schwöre es dir."

Während ich auf der Straße singe,
sammelt Momone das Geld ein.
Wir sehen ärmlich aus
in unseren zerrissenen Kleidern.
Aber hier in Belleville spielt das keine Rolle.
Unsere Kleidung ist so schmutzig
wie die der Zuschauer.

Momone und ich sind rotzfrech.
Auf blöde Sprüche haben wir immer
passende Antworten.
An uns traut sich kein Kerl ran.

Momone zählt das Geld.
„Nicht schlecht", sagt sie.
„Und wie gut, dass wir schnell genug
abgehauen sind.
Sonst hätte uns die Polente wieder erwischt."
Das Singen auf der Straße ist in Paris verboten.

Wer erwischt wird,
muss Strafe zahlen.
Wer öfter erwischt wird,
landet im Gefängnis.
Wir haben schon manche Nacht
auf der Wache zugebracht.

„Ach, ihr schon wieder",
begrüßen uns dann die Polizisten.
Manchmal sagt einer von ihnen:
„Sing uns was Schönes vor, Edith.
Dann lassen wir euch laufen."
Ich singe was von Liebe und Sehnsucht.
Und meistens lassen sie uns danach wieder frei.

Momone stößt mich an
und zeigt auf einen jungen Mann:
„Hast du gesehen, wie der dich anstarrt?"
Ich sehe zu dem blonden Burschen rüber.
„Hübsches Kerlchen", sage ich.
„Den habe ich schon öfter gesehen.
Müsste so alt sein wie ich.
16 oder 17 Jahre.
Was meinst du?"

Momone nickt und grinst.
„Der sieht immer noch zu dir rüber.
Sing ihm doch mal ein hübsches Liedchen."

Ich setze mein frechstes Gesicht auf
und fange an zu singen:

„Eines Nachts war ich im Meer baden
Ohne was anzuhaben
Ich war ganz allein
Im Mondenschein
Doch plötzlich hörte ich
Einen leisen Schrei
Ein Mann saß da
Er war heimlich mit dabei

<u>*Er hat mich nackt gesehen*</u>
Völlig nackt gesehen
Ohne Höschen ohne Hemd
Und er war mir doch ganz fremd
Bis zu den Ohren wurd ich rot
Was für eine Not."

Ich singe eine Strophe
nach der anderen.
Und immer wieder denselben <u>Refrain</u>:

„Er hat mich nackt gesehen.
Völlig nackt gesehen …"

Der Blonde wird rot bis über beide Ohren.
Er kommt näher auf mich zu.

Als ich mit meinem Auftritt fertig bin,
stellt er sich vor:
„Ich heiße Petit Louis.
Willst du mit mir gehen?"

Erst sehe ich ihn mit großen Augen an.
Dann hole ich meinen Mantel.
„Der hat sich in mich verguckt",
sage ich zu Momone.

„Und jetzt?", fragt Momone.
Ich grinse:
„Jetzt sind wir ein Paar."

„Und ich?", fragt Momone ängstlich.
„Was soll aus mir werden?"
„Du kommst mit", bestimme ich.
Mir ist egal, was Petit Louis davon hält.

Töchterchen Marcelle

„Das Zimmer ist zwar klein", sagt Petit Louis.
„Aber für uns beide ist es groß genug."
Im *Hotel der Zukunft* hat er
ein möbliertes Zimmer gefunden.
Ich entscheide, dass Momone bei uns schläft.

Erst koche ich Suppen in den Konservenbüchsen.
Wir haben keine Töpfe und Pfannen
und auch kein Geschirr.
Aber nach und nach klaut Petit Louis
alles zusammen.
So haben wir bald einen richtigen,
kleinen Haushalt

Wenn kein Geld mehr da ist,
arbeitet Petit Louis als Maurer.
Aber meistens verdiene ich das Geld.
Ich singe auf der Straße
oder in den Kasernen vor den Soldaten.
Oder ich singe im berüchtigten Viertel von Pigalle.
Hier regiert die Kriminalität.
Hier werden Drogen verkauft.
Hier werden Frauen
für körperliche Liebe angeboten.
Hier herrschen Mord und Totschlag.
Pigalle ist auch das Viertel der Nachtclubs.

Hier treten sie alle auf:
Musiker, Sängerinnen, Akrobaten.
Künstler treffen sich in den Bars und Cafés.
Hier, genau hier, will ich singen.

Petit Louis sieht es nicht gerne,
wenn ich in den Bars singe.
Und er mag es auch nicht,
dass Momone ständig um mich herum ist.
Kaum einen Tag kann er mit mir
alleine verbringen.

Außerdem will Petit Louis,
dass ich mich schone.
Ich bin nämlich schwanger.
Wir hatten es nicht beabsichtigt.
Es ist einfach so passiert.
Wir freuen uns beide auf das Kind.
Wie Kinder freuen wir uns auf unser Baby.

Am 11. Februar 1933 bringe ich
ein kleines Mädchen zur Welt.
Ich bin 17, Petit Louis ist 18 Jahre alt.
Er streichelt zärtlich meine Hand.
„Wollen wir sie *Marcelle* nennen?"
Ich überlege einen Augenblick.
„Der Name gefällt mir.
Mal sehen, was Momone davon hält."

Nach der Entlassung aus dem Krankenhaus
singe ich weiter.
Ich gönne mir keine Pause.
Mit Marcelle auf dem Arm singe ich.
Auf der Straße, in Kasernen
und in dunklen Hinterhöfen.
Auf keinen Fall will ich Marcelle
alleine zu Hause lassen.
So, wie es meine Mutter Annetta
mit mir gemacht hat.
Ich liebe mein Kind.
Ich werde es so lange stillen,
wie es nur geht.
Meine süße, kleine Marcelle.

Aber in den Bars kann ich nicht
mit dem Baby auftreten.
Dort könnte ich mehr Geld verdienen.
Wenn Petit Louis keine Arbeit hat,
kümmert er sich um das Kind.
Er hängt genauso an Marcelle wie ich.
Wenn Petit Louis Arbeit hat,
kommt Momone an die Reihe.
Dann passt sie auf Marcelle auf.
Sie hat zwar keine Lust dazu, aber sie muss.

Petit Louis mag es nicht,
dass ich immer unterwegs bin.

„Ich will, dass du für Marcelle zu Hause bleibst",
fordert er.
„Ich will nicht, dass du das Kind
da draußen auf eine Decke legst.
Nur, weil du singen willst."
„Weil ich singen *will*?", frage ich empört.
„Ich *muss* singen.
Wer bringt denn hier das Geld nach Hause?
Wenn du ein richtiger Mann wärst,
dann wäre das anders."

In meinen Augen ist Petit Louis
immer noch ein Junge.
Kein Mann, bei dem ich mich anlehnen kann.
Außerdem will er mich zu Hause einsperren.
Aber ich will was erleben.
Ich lasse mich nicht einsperren!

Ständig muss ich
an einen bestimmten Mann denken.
Dieser Kerl, der wäre was für mich!
Dieser Soldat aus der Kaserne,
in der ich ab und zu singe.
Ein richtig harter Kerl ist das.

Der will in den Krieg ziehen.
Der will kämpfen.
Als Legionär in Algerien.

Ich hätte richtig Lust,
Petit Louis mit ihm zu betrügen.
Ich werde ihn betrügen.
Gleich heute werde ich zu meinem Legionär gehen.

Pigalle

„Wo ist Marcelle?", schreie ich Momone an.
Mein Liebesabenteuer ist schon wieder beendet.
Mein Legionär musste abreisen.
In aller Eile haben wir uns verabschiedet.
Ich schüttle Momone.
„Du sollst mir sagen, wo Marcelle ist!"

Momone sieht mich gelangweilt an.
„Weg", sagt sie.
„Petit Louis hat sie geholt und weggebracht.
Ich glaube, zu seiner Mutter."
„Weggebracht?", schreie ich.
„Dieser Schuft!
Wir holen das Kind sofort zurück."
„Vielleicht ist es aber besser so", sagt Momone.
„Das ist *mein* Kind!", schreie ich.
„Marcelle gehört *mir!*"

Wochenlang geht es so hin und her.
Mal stiehlt Petit Louis mir mein Baby.
Mal verstecke ich Marcelle bei meinem Vater.
Oder wir mieten ein kleines Zimmer in einem Hotel.
Und wir drei verstecken uns dort vor Petit Louis.

Wenn Momone auf Marcelle aufpasst,
gehe ich in die Nachtclubs.

Ich singe und genieße das Leben.
Wenn Marcelle schläft,
ziehen wir auch zusammen durch die Bars.
Mit Momone kann man herrlich feiern.
Spät in der Nacht torkeln wir dann zum Hotel zurück.
Wir sind abgefüllt mit Wein und billigem Sekt.
Marcelle schläft, wenn wir nach Hause kommen.
Ich beuge mich über das Kind.
Ich bin so voll, dass ich Marcelle doppelt sehe.

Eines Tages ist Marcelle mal wieder verschwunden.
Eigentlich sollte Momone auf sie aufpassen.
Aber Momone hat mit einer Nachbarin
auf der Straße getratscht.
Als sie wieder nach oben kam,
war das Kind weg.

„Ich war wirklich nicht lange unten",
schwört Momone.
Am liebsten würde ich sie ohrfeigen.
„Dieser Mistkerl hat sie wieder geholt",
sage ich wütend.
Momone sieht mich an.
„Es ist besser so", sagt sie.
„Welches Leben können wir denn
dem Kind bieten, Edith?
Du singst in den Bars.
Du flirtest mit allen möglichen Kerlen.

Wir beide lieben die Nächte und das Feiern.
Und ehrlich gesagt:
Marcelle geht es bei ihrer Großmutter
doch besser als bei uns."

Erst wehre ich mich gegen Momones Worte.
Aber schließlich gebe ich nach.
„Du hast recht, Momone.
Marcelle wird es bei der Mutter von Petit Louis
besser haben."
Plötzlich lache ich befreit
und nehme Momone bei der Hand.
„Los, Momone! Auf nach Pigalle!"

Momone und ich wohnen
in dreckigen Hotelzimmern.
Wenn wir die Miete nicht bezahlen können,
schlafen wir in irgendwelchen Kellern.
Oder ich singe so lange, bis wir wieder genug Geld
für die Miete zusammenhaben.

Manchmal geht Momone mit auf die Bühne.
Die Männer gröhlen und toben.
Und die Besitzer der Bars sind zufrieden.
Unsere Auftritte steigern die Umsätze.
Wir beide sind wie betrunken von unserer Freiheit.
Wenn ich Geld in der Tasche habe,
gehen wir sofort in den nächsten Club.

Manchmal lade ich alle Leute im Lokal zum Wein ein.
Ich liebe es, mein sauer verdientes Geld
sofort wieder auszugeben.

Ab und zu steht meine Mutter Annetta plötzlich da.
Jemand aus dem Viertel hat ihr gesagt,
in welchem Club ich gerade singe.
Meine Mutter ist fast immer betrunken.
Sie hat dunkle Ringe unter den Augen.
„Kannst du mir Geld geben, Edith?"
Bittend hält sie mir ihre zittrige Hand entgegen.
„Nur ein wenig Geld, bitte.
Ich habe Hunger."

Ich weiß genau,
dass sie sich nichts zu essen kaufen wird.
Meine Mutter wird sich billigen Rotwein besorgen.
Sie wird trinken.
Bis sie die Welt um sich herum nicht mehr sieht.

Aber bin ich besser als sie?
Nur, weil ich mehr Geld habe?
Ich drücke ihr ein paar Münzen in die Hand.
Wortlos verschwindet sie zwischen den Tischen.

Ungefährlich ist unser Leben nicht.
Die Zuhälter beobachten uns seit einiger Zeit.
Zwei Mädchen wie wir passen nicht in ihre Welt.

Hier in Pigalle verdienen Frauen ihr Geld
mit ihrem Körper.
Und ihr Körper gehört dem Zuhälter.
Genauso wie das Geld, das die Frauen verdienen.
Aber Momone und ich verdienen unser eigenes Geld.
Das gefällt denen überhaupt nicht.

Der Verlust

Ich habe längere Zeit nichts mehr
von Petit Louis gehört.
Unser Töchterchen Marcelle ist jetzt bald
zwei Jahre alt.

Eines Tages klopft es heftig an unserer Zimmertür.
Momone macht auf.
Da steht Petit Louis mit verheulten Augen.
„Du musst kommen, Edith, schnell!
Marcelle …"
Vor Aufregung kann Petit Louis
nicht weitersprechen.

„Was ist mit Marcelle?", frage ich voller Angst.
Ich ahne, dass etwas Schlimmes passiert ist.
„Marcelle ist im Krankenhaus.
Sie ist schwer krank."
Ich schnappe meinen Mantel
und laufe mit Louis zum Krankenhaus.

Atemlos kommen wir auf der Kinderstation an.
Der Arzt steht besorgt neben dem Bettchen
von Marcelle.
Mein Mädchen erkennt mich nicht.
Ihre Augen sind glasig vom hohen Fieber.
„Hirnhaut-Entzündung", sagt der Arzt.

„Es sieht nicht gut aus für das Kind.
Wir können nur hoffen."
Und beten, denke ich.

Die ganze Nacht über bete ich zur heiligen Therese:
„Bitte, lass Marcelle gesund werden.
Bitte, lass mein Kind nicht sterben.
Ich werde mein Leben ändern.
Ich werde nie mehr sündigen.
Marcelle braucht deine Hilfe.
Bitte, erhöre mich."

Die Ärzte geben Marcelle Spritzen.
„Nach neun Tagen können wir mehr dazu sagen",
sagt der Arzt.
Wir müssen warten. Warten und hoffen.

Eines Abends wacht Marcelle
in ihrem Krankenhaus-Bettchen auf.
Es ist der 6. Juli 1935.
Die neun Tage Wartezeit sind noch nicht vorbei.
Marcelle sieht mich an
und streckt mir ihre Ärmchen entgegen.
Weinend bedecke ich sie mit meinen Küssen.
Sie muss es einfach schaffen.

Die ganze Nacht über bete ich.
Aber vergeblich.

Am nächsten Morgen ist Marcelle eingeschlafen.
Für immer.
Mein Kind ist tot.
Mein Kind hat mich verlassen.
Nichts wird jemals wieder gut werden
in meinem Leben.

Ein paar Tage später soll das Begräbnis stattfinden.
„Mir fehlen noch 10 Francs", weine ich.
Momone nimmt mich in den Arm.
Alle haben für Marcelles Beerdigung Geld gespendet.
Die Marktfrauen, ein paar Huren,
die Nachbarn und mein Vater.
Aber das Geld reicht noch nicht für das Begräbnis.

„Und wenn du singst?", fragt Momone.
Aber sie weiß,
dass ich so viel Geld in der kurzen Zeit
nicht zusammenbekomme.

Die Worte meiner Mutter fallen mir ein:
„Das schnellste Geld kriegst du,
wenn du mit einem Mann schläfst."

Ich sehe Momone an.
Sie weiß genau, was ich jetzt denke.
Sie hält mich nicht zurück.
Denn auch sie weiß keinen anderen Rat.

Ich ziehe meinen alten, zerrissenen Pelzmantel an.
Ich stelle mich an eine Ecke
weiter unten an die Straße.
Im Schatten der Laterne spricht mich sofort
ein Mann an.
Ich gehe mit ihm in ein Hotelzimmer.

In dem dunklen Zimmer ziehe ich
meinen Mantel aus.
Ich versuche, meine Jacke aufzuknöpfen.
Meine Hände zittern.
Der Mann sitzt in einem Sessel.
Er sieht mich von oben bis unten an.
Er steht auf.
Er kommt auf mich zu.
Er will meine Brüste berühren.
Da breche ich weinend
an seiner Schulter zusammen.
„Was ist los?", fragt er erschrocken.
Ich erzähle ihm von Marcelle
und von der Beerdigung.

„Zieh dich wieder an!", sagt der Mann.
Er legt 10 Francs auf das Bett.
An der Tür lächelt er traurig.
Ohne mich angefasst zu haben,
verlässt er das Hotelzimmer.

Zuhälter Albert

Ich weiß, dass Petit Louis mich immer noch liebt.
Aber mich hat nur noch das Kind
mit ihm verbunden.
Nun hat er das Kind und auch mich verloren.

Ich ertränke meine Trauer in Alkohol.
Und ich mache mich auf die Suche.
Auf die Suche nach einem Mann,
bei dem ich mich anlehnen kann.

Wenn ich einen bestimmten Typ Mann sehe,
werde ich sofort schwach.
Albert ist so ein Typ.
Ein echter Mann:
groß, stark und elegant.
Mit seinen dunklen Augen sieht er mich
leidenschaftlich an.
Sofort habe ich weiche Knie.
Ich kann nichts dagegen machen.
Genau so einen Mann will ich haben.

„Bist du verrückt?", schimpft Momone mit mir.
„Der ist doch Zuhälter.
Der macht dir nur schöne Augen,
damit du für ihn anschaffen gehst."
Ich höre nicht auf sie.

Albert nimmt mich zärtlich in seine Arme.
Wir verbringen wunderbare Abende im Bett.

„Jeden Tag 30 Francs", sagt Albert eines Tages.
„Ich erwarte, dass du das Geld jeden Tag
bei mir ablieferst. So wie Rosita."

Ich sehe ihn mit meinen großen, blauen Augen an.
„Aber Rosita geht doch für dich auf den Strich."
„Genau", sagt Albert.
„Und genau das wirst du auch für mich tun.
Sonst …"
Er zeigt auf seine Narbe am Arm.
Ein anderer Zuhälter ist mal
mit dem Messer auf ihn losgegangen.
„Sonst könnte dir so was auch passieren."
Ich küsse seine Narbe.
„Aber, Schatz, das verlangst du doch
nicht wirklich von mir."
Albert wiederholt:
„Jeden Tag 30 Francs, oder …"

Er holt sein Messer aus dem Nachttisch.
Er spielt damit an meinem Hals.
Es ist schauerlich und doch auch schön.
„Gut", sage ich, „du wirst dein Geld bekommen.
Aber nie werde ich dafür
mit einem anderen Kerl schlafen."

Ich singe in dunklen Nachtclubs und Kasernen.
Ich singe auf den Plätzen vor den Cafés.
Und jeden Abend liefere ich genau 30 Francs
bei Albert ab.

„Das reicht nicht mehr",
sagt er nach ein paar Wochen zu mir.
„Wenn du nicht mit Kerlen anschaffen gehst,
dann musst du mir anders Geld beschaffen!"

Ab sofort setzt mich Albert als Späherin ein.
Bei meinen Auftritten soll ich mir
das Publikum genau ansehen.
Nach dem Auftritt muss ich ihm sagen,
welche Frau aus dem Publikum
besonders wertvollen Schmuck trägt.
Hinter dem Vorhang zeige ich auf sein Opfer.

Erst flirtet Albert mit der Frau.
Dann führt er sie in eine dunkle Gasse.
Sekundenschnell reißt er ihr den Schmuck
von Hals und Händen.
Sein Opfer bleibt hilflos zurück.

Eines Tages reicht es mir.
Albert arbeitet mit einem anderen Zuhälter
zusammen.
Der heißt André.

André hat es mit der wunderschönen Nadia
genauso gemacht wie Albert mit mir.
Erst hat er ihr gesagt, dass er sie liebt.
Dann fordert er auf einmal von ihr,
dass sie für ihn anschaffen gehen soll.

Nadia ist ein zartes, unschuldiges Mädchen.
„Ich kann das nicht", hat sie zu André gesagt.
„Ich liebe dich doch."
Aber Zuhälter kennen keine Liebe.
„Wenn du heute Abend nicht auf den Strich gehst,
werden Albert und ich dich durchprügeln.
Dann bleibt nichts mehr übrig
von deinem hübschen Gesicht."
Nadia weiß, dass André es ernst meint.

Am Abend sehe ich Nadia an der Laterne stehen.
Sie versucht, Männer anzumachen.
Plötzlich rennt sie weg.
Ich rufe.
Renne hinter ihr her.
Aber Nadia verschwindet in den dunklen Gassen.

Fünf Tage später finden sie Nadias Leiche.
Die Polizei hat sie aus dem Wasser gefischt.
Nadia hat sich in die Seine gestürzt.
Seit diesem Abend reicht es mir.
Ich beschließe, mein Leben endlich zu ändern.

Ich gehe nicht zurück zu Albert.
Ich verstecke mich in einem Hotel.
Aber Albert findet mich.
Er schlägt mich.
Ich beiße und trete ihn.
Ich spucke ihm ins Gesicht und schreie.
„Ich werde nicht mehr für dich arbeiten!"

Ich will raus aus dem Sumpf.
Ich will eine ganz normale Frau werden.
Aber Albert lässt jedes Mal nach mir suchen.
Jedes Mal, wenn ich abgehauen bin.

Eines Abends tauchen wieder
zwei Männer bei mir auf.
„Komm mit!", befehlen sie mir.
„Albert wartet auf dich im Club *Neu Athen*."

Der Club ist fast leer.
Albert sitzt an der Theke.
Daneben noch zwei, drei andere Gäste.
„Komm mit!", sagt Albert zu mir.
„Nein!", sage ich. „Ich komme nicht mit."

„Überlege es dir gut!", sagt Albert drohend.
Dabei zieht er seine Pistole aus der Tasche.
Er richtet die Pistole auf mich.
„Schieß doch, du Feigling!", schreie ich ihn an.

„Ich gehöre dir nicht mehr.
Schieß doch, wenn du ein echter Mann bist!"
In dem Moment drückt Albert ab.

An meinem Hals spüre ich
einen brennenden Schmerz.
Die Kugel aus Alberts Pistole
hätte mein Tod sein können.
Wenn nicht einer der Gäste
Alberts Arm hochgeschlagen hätte.

Der Entdecker: Louis Leplée

Nach der Geschichte mit Albert verliebe ich mich
trotzdem wieder in Männer.
Sogar in drei Männer gleichzeitig.
Momone verdreht die Augen.
„Das kann nicht gutgehen, Edith."
Sie hat natürlich recht.
Aber ich liebe es, mit Männern zu spielen.
Ich jedenfalls bekomme die Streichel-Einheiten,
die ich brauche.

Eines Tages sagt Momone zu mir:
„Morgen gehen wir raus auf die großen Boulevards.
Morgen singst du bei den Reichen.
Du kannst nicht immer nur
in diesem Drecksloch Belleville singen.
Oder im Sumpf von Pigalle.
So wirst du nie was."

Ich sehe sie mit großen Augen an.
„Meinst du wirklich, Momone?
Ich soll vor den Reichen auftreten?"
Momone nickt.
Am liebsten würde sie sofort mit mir losgehen.

Am nächsten Tag stellen wir uns
an eine der großen Prachtstraßen.

In den Schaufenstern funkeln
Schmuck und Diamanten.
Kostbare Pelzmäntel liegen in den Auslagen.
In den Cafés sitzen vornehme Herrschaften.
Eine Dame füttert ihr Hündchen mit Fleischpastete.

Ich stelle mich an eine Hauswand und singe.
Schon nach ein paar Minuten geht es los:
„Buh!", rufen einige Passanten.
Die meisten hören erst gar nicht zu.
Sie gehen schnell vorbei oder drehen sich weg.

„Verschwindet in euer Viertel!", ruft jemand.
Eine vornehme Dame schüttelt den Kopf.
„Was wollen denn diese Gören hier?
Diesen Anblick sollte man uns wirklich ersparen."
Ein Mann ruft mir zu:
„Wenn du kein richtiges Französisch kannst,
dann solltest du auch
keine französischen Lieder singen."

Er hat an meinem Akzent gehört,
dass ich aus Belleville komme.
Ein Mädchen ohne Bildung.
Ein Kind aus der Gosse.

Momone streckt dem Kerl die Zunge raus.
Ich singe unbeirrt weiter.

Es dauert nicht lange,
da taucht ein Polizist auf.
Wir laufen weg, so schnell wir können.
Wir verstecken uns in einer Seitenstraße.

„Das war wohl nichts", sage ich.
Ich könnte heulen.
„Warum mögen die Leute meine Lieder nicht?",
frage ich Momone.
„Weil sie sehen und hören, woher wir kommen",
sagt sie.
„Wir sind das Elend, Edith.
Wir sind die Armut, der Dreck.
Diese Leute hören gar nicht auf deine Stimme.
Die denken nur, dass wir stinken."

„Tun wir ja auch", sage ich.
„Du riechst jedenfalls nicht nach Parfum."

„Das müssten wir ja auch erst klauen",
sagt Momone.
„Komm, Edith, lass uns zum Triumphbogen gehen!
Da kannst du wenigstens für Frankreich
die Nationalhymne singen.
So, als wärst du die größte Sängerin der Nation."

Wie gut, dass ich Momone habe!
Lachend laufen wir zum Triumphbogen.

Mit breiten Beinen stelle ich mich
unter dem Torbogen auf.
Laut singe ich gegen Autos und Pferdekutschen an:
„Macht euch auf, Kinder des Vaterlandes!
Der Tag des Ruhmes ist da ...“

„Lauter!“, schreit Momone.
„Gib alles, Edith!
Der Tag des Ruhmes ist da!“
Ich singe so laut ich kann.
Meine ganze Wut auf die Reichen singe ich raus.

Auf einmal steht ein Mann
in der Nähe des Torbogens.
Er hört aufmerksam zu.
Als ich mit Singen fertig bin, kommt er näher.
„Mein Name ist Louis Leplée“, sagt er.
Schon wieder ein *Louis*, denke ich.
„Mir gehört das Cabaret *Le Gerny's*.
Ich würde mich freuen,
wenn du morgen dort hinkommen würdest.
Zum Vorsingen auf der Bühne.“
Er drückt mir einen Zettel mit seinem Namen
und der Adresse in die Hand.
Dann verabschiedet er sich.

„Hast du den Typen schon mal gesehen?“,
fragt Momone.

Ich schüttele den Kopf.

„Lass uns mal suchen,

wo dieses *Le Gerny's* ist", schlage ich vor.

„Es muss hier ganz in der Nähe sein", sagt Momone.

„Die Straße ist jedenfalls in diesem Viertel."

„Oh, là, là!", rufe ich.

Wir stehen vor dem Cabaret.

Das *Le Gerny's* ist in einer Seitenstraße.

Ganz in der Nähe der prächtigen Champs-Élysées.

„Mensch, Momone", sage ich.

„Und hier soll ich morgen vorsingen?

In diesem vornehmen Laden?"

Momone grinst über das ganze Gesicht.

„Ich hab es ja gleich gesagt, Edith.

Der Tag des Ruhmes ist da!"

Der kleine Spatz von Paris

Louis Leplée freut sich, dass wir am nächsten Tag
tatsächlich da sind.
Er bittet mich auf die Bühne.
Er *bittet* mich!
So etwas Höfliches bin ich gar nicht gewöhnt.
Ich bin schrecklich aufgeregt.
Ich kaue an meinen schmutzigen Fingernägeln.
Ich steige auf die Bühne.
Ich ziehe meinen alten Pullover zurecht.
Dann fange ich an zu singen.
Ich singe Lieder, die ich sonst auf der Straße singe.
Oder in den dunklen Bars.
Lieder über Sehnsucht, Liebe und Verlust.
Lieder über Gangster und Huren.
Lieder über Abschied und Einsamkeit.

Leplée ist berührt.
Das spüre ich sofort.
Als ich von der Bühne steige, sagt er:
„Deine Stimme hat was.
Aber man kann noch mehr daraus machen.
Dein Auftreten müssen wir auch verbessern.
Als Erstes musst du dich vor einem Auftritt
natürlich waschen.
Außerdem musst du deinen ganzen Körper
beim Singen einsetzen.

Deine Hände müssen zeigen, wovon du singst.
Wenn du von einem zärtlichen Kuss singst,
dürfen deine Arme nicht wie nasse Säcke
am Körper kleben.
Deine Arme müssen sich öffnen.
Sie müssen dem Kuss entgegengehen.
Wenn du von einem sterbenden Soldaten singst,
dann musst du deine Stirn in Falten legen.
Du musst auf der Bühne das sein,
was du singst.
Ich werde dir helfen, noch besser zu werden."

„Und was ist mit Geld?", fragt Momone.
„Wenn Edith hier in dieser vornehmen Bude singt,
gibt es doch was dafür, oder?"

Leplée lächelt:
„Edith wird hier mehr Geld verdienen als bisher.
Für die Auftritte vereinbaren wir eine feste Gage."
Leplée wendet sich wieder zu mir:
„Ich werde einen Vertrag für dich vorbereiten.
Für jeden Abend bekommst du 40 Francs.
Außerdem besorge ich euch ein Zimmer.
Als junge Frauen könnt ihr nicht
auf der Straße leben."
„Wir kommen schon zurecht", sagt Momone.
„Aber eine warme Bude wäre auch nicht schlecht",
sagt sie schnell hinterher.

„Ach, da wäre noch was", sagt Leplée.
„*Edith Gassion* ist kein guter Name
für eine Cabaret-Sängerin."
„Und wie soll ich dann heißen?",
frage ich erschrocken.

„Du bist so klein und frech
wie die Spatzen von Paris", sagt Leplée.
„Die Menschen auf der Straße
sagen zu einem Spatz *piaf*.
Außerdem bist du eine kleine Göre, eine *môme*.
Was hältst du also von:
Der kleine Spatz von Paris?
La Môme Piaf?"

„Gefällt mir", sage ich.
„Und dich nenne ich ab sofort *Papa Leplée*.
Einverstanden?"
Leplée nickt.
„Einverstanden!"

Auf der Bühne

Es ist Herbst 1935.
Bald werde ich 20.
Zehn Tage lang übt Papa Leplée mit mir
mein Bühnenprogramm.
Dann ist es endlich so weit:
Heute Abend trete ich zum ersten Mal
im *Le Gerny's* auf.

Ich bin gewaschen und ich trage saubere Sachen.
Leplée hat mir ein schwarzes Kleid
für meinen Auftritt gekauft.
Hinter dem Vorhang kaue ich
an meinen Fingernägeln.
Zum hundertsten Mal ordne ich
mein schwarzes Haar.
Ich zupfe an meinem Kleid.
Mein Herz schlägt schnell.
Im Saal draußen höre ich das Publikum.
Leplée tritt auf die Bühne.
Er kündigt mich an.
Dann ruft er:
„Vorhang auf für eine große Stimme der Zukunft!
La Môme Piaf! Der Spatz von Paris!"

Am Anfang ist es ganz still.
Der Saal ist dunkel.

Ich sehe das Publikum nicht.
Die Scheinwerfer sind auf mich gerichtet.
Ich fange an zu singen.
Ich höre meine Stimme.
In dem Moment bin ich sofort in meiner Welt.

Ich singe über Huren, über Gauner, über Geld.
Ich singe über Sehnsucht und Lebensträume.
Es ist nicht schwer.
Es ist ja mein Leben.
Jedes Chanson trägt mich weiter zum nächsten.
Nach dem letzten Lied schließe ich meine Augen.
Ich senke meinen Kopf.

Plötzlich höre ich sie klatschen.
Sie klatschen im Stehen.
Am liebsten würde ich jetzt
in die Arme von Papa Leplée rennen.
Und heulen vor Glück.

Seitdem trete ich jeden Abend im *Le Gerny's* auf.
Nach einem der Auftritte führt mich Papa Leplée
zu einem vornehmen Herrn.
„Ich möchte dich mit Jacques Bourgeat
bekanntmachen, Edith.
Unter anderem schreibt er Texte für Chansons.
Er hat dich heute singen hören.
Er sagt, es war wie ein Stromschlag für ihn.

So stark hat ihn deine Stimme berührt.
Er möchte ein Chanson für dich schreiben."

Und tatsächlich schreibt dieser Jacques Bourgeat
ein Lied für mich.
Es ist das erste Lied,
das ein Dichter extra für mich schreibt.
Seitdem sind wir ganz dicke Freunde.
Seitdem schreiben wir uns ganz oft Briefe.
Zu Jacques Bourgeat kann ich so ehrlich sein
wie zu keinem anderen.

Eines Tages stehe ich im *Le Gerny's*.
Ich singe das neue Chanson von Jaques:

Der Altkleider-Händler

„Sag mir, Kleiderhändler
Hast du es nicht gefunden
Zwischen all den alten Kleidern
Die du von mir gekauft hast
Zwischen zerrissenen Stoffen
und alten Fetzen
Hast du es nicht gefunden
Ein verletztes, verlassenes Herz

Gib es mir zurück
Ich bitte dich, mein Freund

Es ist mein armes Herz
Ich brauche es wieder

Als du meine Sachen nahmst
Bei unserem Handel
Da dachte ich
Ich brauche es nicht mehr
Aber als du gingst
Mit der traurigen Last
Ist meine Vergangenheit mit dir gegangen
Und ich weinte

Sag mir, Kleiderhändler
Unter all den Fetzen
Die ich dir gegeben hab
Hast du darunter nicht
Mein armes, zerbrochenes Herz gefunden
Verkauf es mir zurück."

Es ist still.
Jeder im Saal kennt solch eine Sache
aus der Vergangenheit.
Etwas Unbedachtes, das man bereut.
Etwas Liebes, das man verloren hat.
Das Lied hat sie dahin zurückgetragen.
In ihre eigene Vergangenheit.
Es dauert eine Weile.
Dann kommt der Applaus.

Die Zeitungen schreiben über mich:
Die Kleine mit der großen Stimme!

Neuer Star im Le Gerny's!

*Ein Kind von der Straße hat es auf die Bühne
geschafft!*

Publikum fordert Zugaben!

*Der Spatz von Paris,
ein neuer Stern im Le Gerny's!*

Momone macht eine Flasche Champagner auf.
„Du hast es geschafft, Edith!
Santé! Prost, mein Schwesterlein!"
„Ja, Momone", sage ich.
„Aber ohne Papa Leplée wäre ich nie
so groß rausgekommen.
Hoffentlich bleibt es noch ein bisschen so.
So, wie es jetzt ist."

Mord!

„Pass auf dich auf, Edith", sagt Papa Leplée.
„Geh heute nicht so spät zu Bett.
Du hast morgen ein Radio-Interview."

Papa Leplée ist besorgt wie ein echter Vater.
Ich habe inzwischen
meine erste Schallplatte aufgenommen.
Und morgen soll ich im Radio darüber reden.
Aber erst einmal gehe ich jetzt mit Momone feiern.

In der Nacht kommen wir
sturzbetrunken ins Hotel zurück.
Es ist schon fast morgens.
Ich will jetzt noch unbedingt
mit Papa Leplée sprechen.
Ich will ihm sagen, wie glücklich ich bin.
Ich nehme den Hörer in die Hand
und rufe bei ihm an.

Am anderen Ende nimmt jemand ab.
Ich höre irgendwas, was sich wie *Leplée* anhört.
Ich soll vorbeikommen, sagt er.
War das die Stimme von Papa Leplée?
Ach, ich bin viel zu betrunken.
Natürlich war das seine Stimme.
Ich mache mich auf den Weg zu ihm.

An der Tür empfängt mich ein fremder Mann.
„Kriminalpolizei!", sagt er.
„Du bist Edith Gassion?"
Ich nicke.
Er lässt mich in die Wohnung von Leplée.
Ich kann kaum aufrecht stehen, so blau bin ich.
„Ich muss dich verhaften", sagt der Polizist.
„Monsieur Leplée ist heute Nacht ermordet worden.
Erschossen.
Und du bist dringend tatverdächtig."

Alles um mich herum dreht sich.
„Erschossen? Papa Leplée?
Wer? Was?", frage ich.
„Und warum ich?
Warum verdächtigen Sie mich?"

„Mädchen, Mädchen", sagt der Kripobeamte.
„Jeder weiß doch,
aus welchem Milieu du kommst.
Wie oft hast du schon auf Polizeiwachen gesessen!
Die ganze Polizei in Belleville kennt dich
und deine sogenannte Schwester.
In Pigalle bist du auch bekannt.
Du weißt doch selber,
was du alles angestellt hast:
Singen und Betteln auf der Straße.
Belästigung von Passanten.

In fremden Kellern schlafen.
Auf dem Strich Geld verdienen."

„Ich habe nicht auf dem Strich gearbeitet",
wehre ich mich.
„Und was ist mit deinem Zuhälter?
Einen gewissen Albert kennst du wohl nicht."
„Ich bin nicht mehr mit ihm zusammen", schreie ich.
„Schrei hier nicht rum!
Du kennst die ganze Gaunerwelt.
Du kennst die Zuhälter, die Diebe, die Drogenhändler.
Jetzt kannst du auspacken.
In der Zelle hast du Zeit, uns alle Namen zu nennen.
Wir werden alles aus dir rausquetschen, alles!"

An diesem Morgen bricht für mich
die Welt zusammen.
Es ist der Morgen des 6. April 1936.
Vor ein paar Wochen noch hatte ich
meinen großen Auftritt.
Im *Medrano*, im berühmtesten Zirkus von Paris.
Papa Leplée hat mir den Auftritt vermittelt.
Das Publikum hat getobt vor Begeisterung.
Und nun soll er tot sein?
Mein Papa Leplée?

Sie bringen mich in Untersuchungshaft.
Stundenlang, tagelang verhört mich die Polizei.

Sie setzen mich unter Druck.
So lange, bis ich nicht mehr kann.
So lange, bis ich ihnen alle Namen nenne.
Alle Namen von Zuhältern und Gangstern
aus Pigalle.

In den Zeitungen und im Radio fallen sie
über mich her.
La Môme Piaf unter Mordverdacht!

Sie singt über die Liebe und geht über Leichen?

La Môme Piaf in Untersuchungshaft!

Star als Gangsterflittchen aufgeflogen!

Hat La Môme Piaf ihren Gönner ermordet?

„Ich war es nicht."
Immer wieder beteuere ich:
„Ich kann es gar nicht gewesen sein.
Ich war mit Momone unterwegs.
Ich kann Ihnen die Namen der Bars nennen.
Ich kann Leplée gar nicht erschossen haben."

Die Polizei überprüft meine Alibis.
Nach und nach müssen sie zugeben,
dass ich nichts mit dem Mord zu tun habe.

Sie gehen von einem Raubmord aus.
Leplée hatte viel Geld im Haus.
Das hatte sich herumgesprochen.

Der Verdacht gegen mich wird aufgehoben.
Aber meine Karriere ist zerstört.
Das *Le Gerny's* ist geschlossen worden.
Niemand will mich mehr singen hören.
Ich bekomme keine Verträge mehr.
Keiner will eine Kriminelle engagieren.
Auch wenn der Verdacht fallengelassen wurde:
Für die Menschen in Paris bin ich
eine aus der Unterwelt.
Eine, die Beziehungen zur Gangsterwelt hat.
Es ist aus für mich.
Meine Karriere ist vorbei.
Hier kann ich nicht mehr bleiben.
Ich muss weg aus Paris.

Retter: Raymond Asso

Weit weg von Paris singe ich
in kleinen Clubs auf dem Land.
Momone begleitet mich.
Auf dem Land hat man den Mord an Leplée
kaum mitbekommen.

Am Anfang läuft es gar nicht mal so schlecht.
Aber dann werden wir Pariser Schwestern
wieder wie früher.
Wir trinken zu viel.
Momone soll eigentlich meine Lieder ankündigen.
Aber wir treiben uns nachts zu lange
in den Kneipen herum.
Wir kommen zu spät zu den Konzerten.
Auf der Bühne singe ich schmutzige Chansons
über Sex und Ganoven.
Die Männer im Saal sind betrunken.
Sie gröhlen und werden immer wilder.
Meine Auftritte enden jedes Mal mit einer Prügelei.
Die Konzert-Veranstalter wollen nichts mehr
mit mir zu tun haben.

Momone und ich sind wieder
ganz unten angekommen.
Wir feiern nachts und trinken am Morgen weiter.
Meine Auftritte werden mir egal.

Meine Stimme ist mir nicht mehr wichtig.
Ich habe keinen Willen mehr,
keine Kraft, keine Lust.
Nichts ist für mich mehr wertvoll.
Nicht einmal mehr mein eigenes Leben.
Mit 20 Jahren stehe ich am Abgrund.
Einfach Schluss machen, denke ich.

Im Januar 1937 kommen wir wieder
zurück nach Paris.
Aber auch das hilft mir nicht
aus meiner Verzweiflung.
Die Erinnerungen an Papa Leplée
kommen wieder hoch.
Ich fühle mich schwer und müde.
Lebensmüde.

Eines Tages fallen mir die Worte
eines Mannes wieder ein.
Raymond Asso heißt er.
Er wollte unbedingt mit mir zusammenarbeiten.
Er wollte mich als Sängerin fördern.
Er wollte aus mir einen Star machen.
Ich habe ihn damals ausgelacht.
Aber an seine Worte kann ich mich
noch gut erinnern:
„Eines Tages wirst du mich brauchen, Edith.
Ruf mich an, wenn es so weit ist."

Ich überlege nicht eine Minute länger.
Ja, ich brauche jemanden.
Ich brauche jemanden, der mich rettet.
Ich brauche Raymond Asso.

Ich greife zum Telefon und rufe ihn an.
„Setz dich in die nächste Metro und komm hierher!",
sagt Asso.

Wir kennen uns so gut wie gar nicht.
Aber vom ersten Augenblick an funkt es
zwischen uns beiden.
Asso sieht in mir einen Star der Zukunft.
„Ab morgen fangen wir an, zusammenzuarbeiten."

Auch ich bin sofort begeistert.
Aber eher von ihm als Mann.
Er war als Legionär in fernen Ländern.
Ein Abenteurer also.
Und groß ist er und verheiratet.
Das reicht mir schon, um ihn zu begehren.
Endlich spüre ich wieder Lebensgeister.
Wir verabreden uns für den nächsten Tag.

Aus dem nächsten Tag werden Monate und Jahre.
Durch Asso lerne ich,
dass Singen alleine nicht ausreicht.
Jeden Tag trainiert er hart mit mir.

„Steck den Bleistift in den Mund, Edith!"
„Warum soll ich einen Bleistift
in den Mund nehmen?", frage ich ihn.
„Weil du die Worte nicht deutlich singst.
Du nuschelst.
Kein Mensch versteht, was du singst."

„Aber die Leute hören mich doch gerne singen",
protestiere ich.
„Sie hören dich noch lieber singen,
wenn sie deine Texte verstehen", sagt Asso.
„Du singst zu schlampig."
„Ich singe nicht schlampig",
sage ich und will meine Sachen packen.
Asso hält mich fest.
„Sing die Worte mal mit einem Stift
zwischen den Lippen."
Erst wehre ich mich.
Dann aber merke ich den Unterschied.
Ich kann nicht nuscheln mit dem Stift im Mund.

Asso übt mit mir eine saubere Aussprache.
Und er will, dass ich auch neue Lieder singe.
„Wenn du ein großer Star werden willst,
darfst du nicht nur Gossenlieder singen.
Du musst anspruchsvolle Lieder singen.
Ich werde Chansons für dich schreiben.
Du brauchst gute Texte.

Und du brauchst gute Musik dazu.
Ich kenne eine wunderbare Komponistin.
Marguerite Monnot heißt sie.
Sie wird die Musik zu meinen Texten schreiben.
Du wirst sehen:
Es wird großartig."

Asso nimmt meine Hände in seine Hände.
Mir wird ganz warm und seltsam.
Er steht so nah vor mir.
„Du musst deine Hände beim Singen
besser einsetzen, Edith.
Am Anfang eines Liedes hältst du sie
streng nach unten."
Er drückt meine Arme nach unten
und die Hände gegen meine Beine.
„Wenn du im Lied deinen Liebsten siehst,
hebst du die Hände langsam nach oben.
Dann streckst du sie ihm entgegen.
Wenn du deinen Liebsten verlierst,
dann kreuzt du deine Arme vor der Brust.
Und dein Gesicht muss so aussehen,
als hättest du Schmerzen."

Ich muss grinsen und sage:
„Mein Liebster steht gerade vor mir.
Ich habe keine Schmerzen.
Ich will küssen."

Asso ist verwirrt.
Ich strecke ihm meine Hände entgegen.
Ich ziehe ihn an mich heran.
Ich presse meinen Körper gegen ihn.
„Ist es so richtig?", frage ich.
Asso schiebt mich von sich weg.
„Du musst ernsthaft an dir arbeiten, Edith.
Sonst wirst du nie ein Star."

Plötzlich reißt er mich an sich.
Er küsst mich.
Er streichelt meinen Körper.
Unser Atem geht schnell.
„Du musst anders atmen,
wenn du auf der Bühne stehst."
Asso haucht mir seine Worte ins Ohr.
Die ganze Nacht und den nächsten Tag
verbringen wir im Bett.
Wir üben *atmen*.

Bravo!

Drei Monate lang gehe ich bei Asso
durch eine harte Schule.
„Er trainiert sie wie ein Zirkuspferd",
flüstern meine Freunde über Asso.
Aber ich lerne viel bei ihm.
Asso macht mich nicht nur bühnenreif.
Er bringt mir auch andere Sachen bei:
Wie ich mich gut kleide.
Wie ich mich in vornehmer Gesellschaft
bewegen soll.
Wie ich bei Tisch sitze und ordentlich esse.
Er bringt mir bei, dass ich zuhöre.
Dass ich nicht zu laut spreche.
Dass ich nicht zu laut lache.

„Außerdem sollst du nicht fluchen,
wenn wir in Gesellschaft sind", sagt Asso.
„Aber ich fluche gerne, verdammter Mist!
Ohne Fluchen wäre ich nicht durch dieses
gottverdammte Leben gekommen."
Asso nimmt mich sanft in die Arme.
„Dein Leben fängt jetzt erst an, Edith!
Du bist erst 21.
Die ganze Welt wird dir zu Füßen liegen."
Ich kann es nicht so richtig glauben,
aber ich vertraue Asso.

„Da wäre noch was", sagt er.

„Du brauchst einen anderen Namen."

Ich sehe ihn überrascht an.

„Zu einer großen Künstlerin passt nicht
Der kleine Spatz."

„Und wie soll ich dann heißen?", frage ich.

„Du wirst ab sofort auf den besten Bühnen
der Welt singen.

Und auf den Plakaten wird stehen: *Edith Piaf*!"

Na gut, denke ich.

Mal sehen, was daraus wird.

Asso hat für uns beide eine Wohnung
im Hotel *Alsina* gemietet.

Momone darf nicht mit.

Asso verbietet mir den Umgang mit ihr.

„Momone hat einen schlechten Einfluss auf dich.

Zusammen seid ihr wie kleine Kinder.

Aber du sollst ein Bühnenstar werden,
den die Leute ernst nehmen."

Am 26. März 1937 ist es endlich so weit.

Ich soll in einem der berühmtesten Musiktheater
von Paris auftreten: im *Theater ABC*.

Vor Aufregung kaue ich an meinen Fingernägeln.

Asso schlägt mir sanft die Hand weg.

„Du siehst bezaubernd aus in deinem schwarzen
Kleid mit dem weißen Spitzenkragen.

Du bist keine Göre mehr, Edith.
Glaube an deine Größe!
Und nun, raus auf die Bühne mit dir!"

Ich präge mir noch einmal alles ein,
was Asso mir beigebracht hat.
Ich atme tief durch.
Ich konzentriere mich.
Ich lege meine Hände eng an meinen Körper.
Ich schließe meine Augen.

Ich beginne, das Lied *Ein junger Mann* zu singen.

„Auf der Straße
Auf der großen Straße
Da geht ein junger Mann
Singend geht er
Die Straße entlang

Auf der Straße
Auf der großen Straße
Da geht eine junge Frau
Träumend geht sie
Die Straße entlang

Am Kleid trägt sie eine Blume
Ihre Augen leuchten zart
Ihr Herz ist voller Träume."

An dieser Stelle öffne ich meine Augen.
Ich sehe nach oben, so,
als ob ich in den weiten Himmel schauen würde.
Ich singe weiter:

„Auf der großen Straße
Sehen sie sich an
Die junge Frau
Und der junge Mann
Wie sehr du mir gefällst
Sagt er leise
Und sie
Hat auf ihn gehofft
Auf ihrer Reise."

An dieser Stelle öffne ich meine Arme, so,
als würde ich sie dem jungen Mann entgegenstrecken.
Ich singe weiter:

„Er öffnet ihr Kleid
Ich bin glücklich
Sagt er
Und sie sagt
Wir zwei für immer
Wir verlassen uns nie mehr."

Bisher habe ich leise und zart gesungen.
Aber nun ändere ich meine Stimme.

Ich singe etwas lauter und tiefer.
Das Publikum soll ahnen,
dass nun etwas Schreckliches passiert.
Ich singe:

„Aber dann, aber dann
Geht auf der Straße
Der junge Mann
Immer weiter und weiter geht er fort von ihr
Und er lacht
Ha Ha Ha."

Ich singe dieses *„Ha Ha Ha"* gröhlend.
Schadenfroh.
Gehässig.
Dann atme ich ein.
Ich lasse meine Hände nach unten sinken.
Meine Stimme wird ganz leise, als ich singe:

„Und die junge Frau, sie weint
Eine Blume ist verblüht
Auf der großen Straße."

Ich schließe meine Augen.
Alle schweigen.
Wie immer nach einem ergreifenden Lied.
Alle im Saal spüren die Trauer
der betrogenen, jungen Frau.

„Bravo! Bravo!", rufen sie auf einmal.
Sie klatschen.
„Bravo, Piaf!", rufen sie.
Ich halte die Augen noch geschlossen.
Ich kann es nicht glauben.
Sie klatschen noch immer.

„Verbeuge dich!", flüstert Asso hinter dem Vorhang.
„Verbeuge dich und sing weiter, Edith!
Los, los, das nächste Stück!"

Wut

Fünf Chansons sollte ich an jenem Abend
im *ABC* singen.
So hatte es Asso mit dem Veranstalter abgesprochen.
Aber das Publikum hört nach dem letzten Lied
nicht auf zu klatschen.
„Zugabe! Zugabe!", rufen sie.
Sie applaudieren im Stehen.
Sie werfen mir Blumen auf die Bühne.
Und ich singe weiter und weiter.

Ich bin wie betäubt.
Am nächsten Tag lese ich die Überschriften
in den Zeitungen:
Edith Piaf: Hinreißende Stimme!

Neuer Stern am Himmel der Musik: Edith Piaf!

Chansons, die bewegen. Piaf erobert Paris!

Nach dieser Premiere im *ABC* beginnt
meine echte Karriere.
Im November 1937 habe ich dort
mein zweites Gastspiel.
Die Ansagerin ruft nach meinem Auftritt begeistert:
„*Die Göre* ist tot.
Es lebe *Die Piaf*!"

Ein Konzert nach dem anderen folgt.
Wir nehmen Schallplatten auf.
Ich singe im Radio und in Theatern.
Ganz Frankreich kennt mich.
Ich singe in Belgien und in der Schweiz.
Ganz Europa lernt mich kennen.
Ich bin ein Star.
Und endlich verdiene ich Geld.
Mein Künstlerleben macht mich
wahnsinnig glücklich.
Nur mit Asso, da läuft es nicht gut.

„Ich kann dich nicht ausstehen!", schreie ich ihn an.
„Ständig willst du mich erziehen.
Ich bin kein kleines Kind mehr."
Asso wird wütend:
„Und wer hat dich groß rausgebracht?
Ich war das!"
„Meine Stimme war das!", schreie ich.
„Deine Stimme muss noch besser werden",
sagt Asso.
„Du musst mehr trainieren!"
„Ich muss? Ich muss? Ich muss?
Gar nichts muss ich", brülle ich.
„Drei Jahre Dressur reichen mir."

Wütend werfe ich meine Tasse gegen die Wand.
Asso hält mich am Arm fest.

Ich beiße in seinen Finger.

„Au, du Miststück!", schreit er.

„Fass mich nicht an!", schreie ich zurück.

Als er näher kommt, spucke ich ihm ins Gesicht.

Asso packt mich und versohlt mir den Hintern.

Erschöpft komme ich zur Ruhe.

„Aber Schatz", sage ich.

„Sei doch nicht so roh zu mir."

Wir umarmen uns.

Und den Rest des Tages verbringen wir
zusammen im Bett.

So geht das jetzt schon seit einiger Zeit.

Eines Tages bekommt Asso einen Brief.

Es ist der 4. August 1939.

Asso wird zum Kriegsdienst eingezogen.

„Wir sehen uns bestimmt bald wieder",
sagt er zu mir.

Ich nicke.

Aber ich bin nicht traurig,
dass er gehen muss.

Die Ablösung

Als Asso abgereist ist,
zieht sofort Momone bei mir ins Hotel *Alsina* ein.
Und Paul auch. Paul Meurisse.
Ich habe ihn bei einem meiner Konzerte
kennengelernt.
Neuerdings stehen wir auch zusammen
auf der Bühne.

Paul ist wirklich ein echter Mann.
Sänger ist er.
Und Schauspieler.
Aber vor allem ist er ein Gentleman.
Elegant und vornehm.

Ich singe neuerdings auch in Filmen.
Und Paul bringt mir bei,
wie man vor einer Kamera auftritt.
Durch die Filmaufnahmen arbeite ich
mit interessanten Leuten zusammen.
Auch mit einem gewissen Yves Montand.
Könnte mir gefallen, dieser Junge.
Aber gut, jetzt habe ich erst einmal Paul.

Paul macht mich mit Schauspielern,
Malern und Dichtern bekannt.
Dieses Leben ist einfach wunderbar.

Wenn es nur nicht immer diese Streitereien
mit den Männern gäbe.
Aber Spaß machen die auch.

Eines Tages sitzt Paul in Unterhose
bei uns im Wohnzimmer.
Plötzlich klingelt es an der Tür.
Momone läuft zum Fenster.
„Mist!", sagt sie.
„Es ist Asso.
Der hat wohl Fronturlaub."

„Schnell ins Schlafzimmer!", sage ich zu Paul.
Kaum kommt Asso ins Wohnzimmer,
fällt sein Blick auf die brennende Zigarette
im Aschenbecher.
Sofort wird ihm klar:
Ein anderer Mann hat ihn abgelöst.
Und dieser Mann ist Paul Meurisse.

Man braucht einfach mehrere Männer.
Wenn nämlich einer abhaut,
dann hat man wenigstens noch den anderen.
Aber bevor mich jemand verlässt,
verlasse ich ihn lieber selber.
Ich habe ständig Angst,
das Glück der Liebe zu verlieren.
Deshalb zerstöre ich es schon vorher.

Paul hat uns eine Wohnung besorgt.
Sie liegt in einem der vornehmsten Viertel von Paris.
Momone darf mal wieder nicht mit.
Auch Paul meint,
sie hat einen schlechten Einfluss auf mich.

Ich habe jetzt ein eigenes Arbeitszimmer,
ein Klavier, eine Sekretärin
und einen chinesischen Koch.
Ich kann nämlich kein bisschen kochen.

Mein Koch heißt Tschang.
Meine Sekretärin heißt Dédée.
Sie kümmert sich um meine Auftritte,
um Konzertreisen, um mein Geld.
Und meine Freundin ist sie auch.

Alles könnte wunderbar sein.
Wenn Paul nur nicht so unausstehlich wäre.
Ihn bringt einfach gar nichts aus der Ruhe.
Das macht mich rasend.
Er soll mich beachten und nicht dasitzen
und Zeitung lesen.
Er soll sich aufregen, wenn ich mich aufrege.
Er soll toben, wenn ich tobe.
Er soll mich schlagen, wenn ich ihn ohrfeige.
Aber Paul sieht mich nur kurz an,
wenn ich ihm das sage.

Dann liest er weiter.

„Hör auf zu lesen!", sage ich zu ihm.

Paul liest weiter.

Ich werfe einen Pantoffel nach ihm.

Er rührt sich nicht.

„Ich kann es nicht ausstehen,

wenn du nicht mit mir sprichst!", rufe ich.

Paul lächelt und liest weiter.

Ich werfe ein Weinglas auf den Boden.

Keine Reaktion.

Ich zerschlage Geschirr.

Paul sieht nicht einmal von seiner Zeitung auf.

„Ich schlage dir gleich die Champagnerflasche

auf den Kopf", warne ich ihn.

Paul sieht kurz auf und sagt:

„Schatz, lass wenigstens das Radio ganz."

Sofort nehme ich das Radio

und werfe es mit aller Wucht auf die Erde.

Paul haut mir eine runter.

„Na endlich!", sage ich erschöpft.

Ich weiß, dass Paul mich liebt.

Aber Paul ist auch eifersüchtig.

Das weiß ich, weil ich ihn mit anderen Männern

eifersüchtig mache.

Eines Tages wird mich Paul besitzen wollen.

Dann wird er so über mich bestimmen wie Asso.

Schon bei dem Gedanken daran werde ich wild.
Ich gehöre keinem.
Auch nicht einem Paul Meurisse.

Mir bleibt nichts anderes übrig,
als ihn zu verlassen.
Momone ist überglücklich.
Denn wir ziehen sofort wieder zusammen.

Krieg

Draußen in der Welt ist Krieg.
Seit dem 22. Juni 1940 gibt es bei uns
einen Waffenstillstand.
Es wird zwar nicht mehr gekämpft,
aber die Deutschen haben Frankreich besetzt.
Sie beherrschen unser Land.
Zunächst aber nur den Norden Frankreichs.

Wir Künstler spüren nicht viel von all dem.
Wir dürfen weiter Konzerte geben
und auf der Bühne stehen.
Nur die jüdischen Künstler dürfen
nicht mehr auftreten.
Ich verstehe nicht, warum.
Aber Politik hat mich noch nie interessiert.
Und deshalb singe ich weiter.

Ich singe auch Lieder,
die von den Deutschen verboten werden.
So wie die Lieder von Michel Emer.
Michel ist aus einer jüdischen Familie.

Für mich ist das nicht wichtig.
Mich interessiert, dass er gute Texte schreibt
und Komponist ist.
Vor einiger Zeit hatte er bei mir angeklopft.

Sein größter Wunsch ist,
dass ich seine Lieder singe.

Am besten gefällt mir sein Stück
über einen Akkordeon-Spieler:
L' Accordéoniste.
Das Lied handelt von einem Freudenmädchen.
Am schönsten für sie ist der Feierabend.
Dann geht sie in einen Tanzsaal.
Sie tanzt dort nie.
Sie lauscht nur verzaubert dem Akkordeon-Spieler.
Doch eines Tages muss er in den Krieg ziehen.
Das Mädchen wartet und hofft,
dass er zurückkommt.
Sie träumt von einer gemeinsamen Zukunft,
von einem schönen Haus,
von einer wunderbaren Liebe.
Aber der Akkordeonist kommt nicht
aus dem Krieg zurück.
Das Mädchen geht wieder in das Tanz-Café.
Ein anderer spielt jetzt das Akkordeon.
Das Mädchen beginnt zu tanzen.
Wild und immer wilder.
Sie tanzt aus Verzweiflung.
Denn der andere ist nicht ihr Liebster.
Und sie schreit zum Schluss:
„Haltet die Musik an!
Haltet die Musik an!"

Auf meinen Konzerten schreie ich
diesen Satz laut in den Saal,
so verzweifelt,
so einsam,
so verloren.
Die Musik hört dabei auf zu spielen.
Das Publikum schweigt ergriffen.
Dann folgt der Applaus.
Das Stück *L'Accordéoniste* ist ein voller Erfolg.

Aber heute habe ich einen Brief bekommen.
Die deutschen Besatzer verbieten mir,
Musik von Michel Emer zu singen.

Sehr geehrte Madame Piaf!
Das Singen von Stücken jüdischer Komponisten
ist strengstens untersagt.
Sollten Sie dennoch solche Lieder
auf der Bühne präsentieren,
müssen Sie mit einem Auftritts-Verbot rechnen.

Empört zeige ich Momone den Brief.
„Wer will denn einer Piaf das Singen verbieten?
Ich lasse mir von keinem was verbieten.
Jetzt singe ich erst recht weiter!"

Mit meinem Orchester gehe ich auf Tournee
durch Südfrankreich.

Es ist Herbst im Jahr 1941.
Der Süden von Frankreich ist noch nicht
von den Deutschen besetzt.
Deshalb fliehen viele Juden
und andere von den Nazis Verfolgte dorthin.

Auch Norbert Glanzberg ist
aus Deutschland geflüchtet.
Ich kenne ihn noch von meiner Zeit in Pigalle.
Glanzberg ist Pianist und Komponist.
Nur das zählt für mich.
Aber für die Nazis zählt nur, dass er Jude ist.
Damit ist sein Leben in Gefahr, sogar hier im Süden.
Viele Franzosen arbeiten mit den Nazis zusammen.

Ich nehme Glanzberg als Pianisten
in mein Orchester auf.
Das wird ihn erst einmal vor den Nazis schützen.
Ich will ihn aber auch als Liebhaber.
Er schreibt so schöne Musik.
Und er ist ein interessanter Mann.

Ich nenne ihn *Nono*.
Mein Nono ist verheiratet.
Wie die meisten meiner Liebhaber.
Mich stört es nicht, wenn sie schon vergeben sind.

Das Leben genießen

„Momone", sage ich,
„nächste Woche ziehen wir um."
Momone sieht mich fragend an.
„In welches Hotel ziehen wir diesmal?"
„In kein Hotel", sage ich.
„Ich habe eine richtig große Wohnung gemietet.
Ich muss mal zur Ruhe kommen
zwischen den ganzen Konzerten und Reisen."

Momone grinst:
„Du und zur Ruhe kommen?
Wenn ein Wort nicht zu dir passt, Edith,
dann ist es das Wort *Ruhe*.
Wenn ich nur an alle deine Männer denke.
Gerade war es ein Raymond Asso,
dann ein Paul Meurisse.
Zwischendurch ein Nono, ein Henri
und wie sie noch alle heißen.
Dann bist du auch noch
in diesen Künstler Jean Cocteau verknallt."
„Halt! Halt!", sage ich.
„Mit Jean und mir ist das was ganz anderes.
Wir gehen nicht miteinander ins Bett.
Er ist klug und hilft mir aus meiner Dummheit raus.
Durch ihn interessiere ich mich
für Malerei und Gedichte.

Das könnte dir übrigens auch mal
ganz guttun, Momone."

Momone schüttet sich einen weiteren Cognac ein.
„Und wohin ziehen wir nun um?", fragt sie.
Ich strahle über das ganze Gesicht.
„In eine Edel-Wohnung in einem Edel-Viertel
über einem Edel-Bordell."
Momone sieht mich fragend an.

„Wir ziehen alle zusammen um", sage ich.
„Du, meine Sekretärin Dédée,
mein Koch Tschang und ich.
Das wird ein herrliches Leben.
Ich habe die ganze dritte Etage für uns gemietet.
Unten im Haus ist das Bordell von Madame Billy.
Ab sofort leben wir in einem Freudenhaus!"

Ich genieße das Leben rundum.
Ich gebe mein Geld aus.
Für Pelze, für Schmuck, für Wein und Champagner.
Mit jedem Glas räche ich mich an meiner Kindheit.
Ich räche mich an der Zeit
der Armut und des Drecks.
Momone und ich machen oft Unsinn.
Und wir trinken zu viel.
Aber auf der Bühne bin ich
eine ernsthafte Künstlerin.

Die Bühne ist mein echtes Leben.
In der Zeitung stand einmal:
Die Piaf ist die ehrlichste Sängerin der Welt.
Denn sie ist, was sie singt.
Genau! Damit bin ich einverstanden.

Mitten in der Nacht schreit plötzlich jemand
unten auf der Straße:
„Edith, komm sofort ans Fenster!
Deine versoffene Mutter steht hier
und bettelt um dein Geld.
Wirf mir ein paar Scheinchen runter!"

Meine Mutter Annetta hat also wieder
herausbekommen, wo ich wohne.
Alle paar Monate taucht sie auf,
weil sie Geld braucht.
Meistens ist sie sturzbetrunken.
Oder sie hat sich mit Morphium vollgepumpt.

Unten auf der Straße brüllt Annetta weiter:
„Du hast ja wohl noch Mitleid
mit deiner verlausten Mutter.
Oder bin ich der feinen Piaf zu dreckig?"
Sie gröhlt und lallt und schreit.
So lange, bis ich ihr Geld bringen lasse.
Fluchend verschwindet sie dann
in den dunklen Straßen.

Meine Mutter hat keine Wohnung.
Sie schläft in den Gassen.
Ab und zu sperrt man sie ein.
In einer Besserungsanstalt oder im Gefängnis.
Aber sie kommt nicht mehr aus ihrem Elend raus.

Meinem Vater gebe ich jeden Monat Geld.
Er ist alt und krank.
Er hat Lungenkrebs.
Als Akrobat kann er nicht mehr arbeiten.
Ohne mein Geld hätte er nichts.

Verdient haben es die beiden nicht.
Aber sie tun mir leid.
So, wie mir eine Hure leid tut,
die nachts frierend an einer Laterne steht.
Ich schenke der Hure meinen Mantel.
Meinen besten Pelzmantel, den ich habe.

Konzerte in Deutschland

Inzwischen bin ich so berühmt,
dass die Nazis mir sogar
Auftritte in Deutschland erlauben.
Ich singe für unsere französischen Soldaten,
die in Deutschland gefangen sind.
Ich gebe Konzerte in den Gefangenen-Lagern.
Die Soldaten sind begeistert.
Die deutschen Machthaber auch.

Wieder einmal fallen die französischen Zeitungen
über mich her:
Die Piaf verrät Frankreich!

Edith Piaf singt beim Feind!

Manche nennen mich sogar eine *Besatzer-Hure.*
Mir ist das egal.
Ich singe für unsere französischen Jungs.
Ich will ihnen die Hoffnung geben,
dass sie wieder in die Heimat zurückkehren werden.
Aber ich singe auch für die deutschen Offiziere.
Die freuen sich doch auch,
wenn sie mal gute Chansons hören.

Meine Sekretärin und Freundin Dédée
ist immer mit auf Reisen.

Ständig macht sie Fotos von mir und den Soldaten.
Mal liege ich bei dem einen Soldaten im Arm.
Mal bei dem anderen.

„Das Wachpersonal soll denken,
dass wir Erinnerungsfotos machen", sagt Dédée.
Wir machen die Fotos aber
aus einem ganz anderen Grund:
Dédée arbeitet heimlich
im französischen Widerstand.
Aus den Fotos schneidet sie die Gesichter
der Gefangenen aus.
Die werden dann in gefälschte Ausweise geklebt.
Mit den gefälschten Pässen können Gefangene
mit uns zurückreisen.
Als Mitglieder meines Orchesters bringen wir sie raus.

Überall gebe ich Wohltätigkeits-Konzerte.
Das Geld geht an französische Kriegswitwen.
An Frauen, deren Männer
im Krieg umgekommen sind.

Einige Lieder sind bei den Deutschen verboten.
Man darf vor allem nichts gegen den Krieg singen.
Aber oft verstehen die Deutschen gar nicht,
um was es in meinen Liedern geht.
„Die Piaf singt sowieso nur von der Liebe",
denken sie.

Aber meine Lieder von der Liebe
sind auch Lieder gegen den Krieg.
Denn Kriege zerstören die Liebe.
Liebende werden auseinandergerissen.
Frauen verlieren ihre Männer.
Kinder ihre Väter.
Und nichts bleibt zurück als Trauer und Tränen.

Nach meiner zweiten Reise nach Deutschland
erhalte ich eine traurige Nachricht:
Mein Vater ist gestorben.
Am 3. März 1944 ist er mit 62 Jahren
für immer eingeschlafen.
Lungenkrebs und Alkohol haben ihn geschafft.
Er war kein richtig guter Vater.
Aber er hat für mich getan, was er konnte.
Nie werde ich ihm vergessen,
dass er mir als Kind eine Puppe gekauft hat.
Er hat jeden Pfennig dafür sparen müssen.
Er hat dafür sogar ein paar Tage
mit dem Trinken aufgehört.
Wie sehr habe ich diese Puppe geliebt ...

Ich werde meinen Vater
auf dem Friedhof *Père Lachaise* beerdigen lassen.
Er soll dort mit meinem Töchterchen Marcelle
zusammen liegen.

Der Verdacht

Ich singe in ganz Frankreich, in Deutschland,
in der Schweiz, in Nordafrika.
Überall feiere ich große Erfolge.

Wenn nur nicht die Politik wäre!
Nach dem Krieg werde ich mal wieder verhört.
Ich werde vor einen Untersuchungs-Ausschuss
vorgeladen.
Zum Glück darf mich Dédée begleiten.

„Madame Piaf, es gibt Hinweise,
dass Sie während der Besatzungszeit
mit dem Feind zusammengearbeitet haben."
Ich sehe den Untersuchungs-Richter erstaunt an.
„Was soll ich denn getan haben?", frage ich.

„Sie haben während des Krieges Konzerte gegeben.
Und Sie haben große Erfolge gefeiert.
Sie haben auch vor deutschen Offizieren gesungen.
Andere Künstler haben Auftrittsverbote bekommen.
Sie nicht.
Zwei Mal haben Sie in Deutschland
Konzerte gegeben.
Sie haben Kontakte zu deutschen Militärs
in Frankreich gehabt.
Sie haben im Haus von Madame Billy gewohnt.

In dem Bordell dieser Dame haben
deutsche Offiziere verkehrt.
Sie stehen unter Verdacht,
den Feind unterstützt zu haben.
Zusammenarbeit mit dem Feind ist ein Verbrechen,
Madame Piaf.
Sollte sich der Verdacht bestätigen,
droht Ihnen ein lebenslanges Auftrittsverbot.
Und Gefängnis."

Ich bin sprachlos.
Ich habe doch nichts Unrechtes getan.
Ja, ich habe bei den Deutschen gesungen.
Aber doch nur,
um unsere Kriegs-Gefangenen aufzumuntern.
Ich habe verbotene Lieder gesungen.

Ich habe Dédée geholfen, Juden zu verstecken.
Ich habe Wohltätigkeits-Konzerte gegeben.
All das erkläre ich dem Untersuchungs-Ausschuss.
Aber sie glauben mir erst,
als Dédée für mich aussagt.
Zum Glück hat sie im Widerstand gearbeitet.
Der Verdacht gegen mich wird aufgehoben.

Liebhaber

Liebhaber gehören zu meinem Leben
wie meine Lieder.
Auch dieser Yves Montand.
Ich habe ihn im *Moulin Rouge* getroffen.
Er war Vorsänger vor meinem Auftritt.
Als Yves da auf der Bühne stand,
habe ich mich krummgelacht.

In seinem karierten Anzug sieht er aus wie ein Clown.
Und seine Cowboy-Lieder sind einfach nur albern.
Genau das habe ich ihm gesagt.
Und ich habe ihm angeboten,
aus ihm einen richtigen Star zu machen.
Er hat mein Angebot angenommen.

Wir treten zusammen in Filmen
und auf der Bühne auf.
Yves und ich werden überall bejubelt.
Unsere Stimmen ergänzen sich wunderbar.
Und nach kurzer Zeit ergänzen wir uns
auch im Bett.
Yves ist der heißeste Applaus für meinen Körper.

Er hat mir tatsächlich
einen Heiratsantrag gemacht.
Ich habe nur gelacht.

Aber inzwischen ist mir nicht mehr
nach Lachen zumute.
Das Publikum klatscht lauter für Yves als für mich.
Ich habe einen Star aus ihm gemacht.
Nun muss ich aufpassen,
dass ich nicht in seinen Schatten gerate.
Ich habe auch gar keine Zeit mehr für ihn.
Ich will nach Amerika.
Ich will Amerika mit meiner Musik erobern.

Als ich gerade von New York träume,
kommt Dédée aufgeregt ins Zimmer.
„Da ist jemand von der Polizei für dich."
„Von der Polizei?", frage ich.
„Was wollen die denn schon wieder?"
Dédée zieht die Schultern hoch.
„Es ist wohl etwas Schlimmes passiert."

Der Polizist weiß nicht, wie er anfangen soll.
„Legen Sie nur los!", sage ich ermutigend.
„Ich kann einiges vertragen."
„Ihre Mutter", sagt der Polizist leise.
„Was ist mit ihr?", frage ich.
„Man hat sie gefunden."

„Das ist nichts Neues", sage ich.
„Man findet meine Mutter andauernd irgendwo.
Ist sie wieder in eine Anstalt gekommen?

Hat sie Geld geklaut?
Ich gebe es Ihnen zurück."
„Nein", sagt der Polizist.
„Sie ist tot.
Ihre Mutter ist an einer Überdosis
Morphium gestorben."

Einen kurzen Augenblick sehe ich ihn ungläubig an.
Dann sage ich:
„Ich werde die Beerdigung bezahlen.
Vielen Dank, dass Sie mich informiert haben."

Am 6. Februar 1945 ist meine Mutter also
jämmerlich gestorben.
An einer Überdosis Morphium.
Für mich ist sie immer eine Fremde geblieben.

Amerika

In Amerika will ich mit neun Jungs
auf der Bühne stehen.
Mit dem Chor *Compagnons de la Chanson*.
Wir haben auf unseren Tourneen
überall Erfolge gehabt.
In Frankreich, in Belgien, in der Schweiz,
in Schweden.
Und jetzt nehme ich die Jungs mit nach Amerika.

Am 16. Oktober 1947 kommen wir mit dem Schiff
im Hafen von New York an.
„Jungs!", rufe ich, „die ganze Welt liegt vor uns!
Wir werden den Broadway erobern!"

Ein paar Tage später ist unsere große Premiere
im Club *Playhouse*.
Der Saal ist bis auf den letzten Platz gefüllt.
Ich finde mich entzückend
in meinem hellblauen Kleid.
Zwischen den neun großen Kerlen
singe ich meine Chansons.
Ich konzentriere mich auf meine Lieder.
So, wie ich es immer mache.

Aber die Amerikaner haben etwas
ganz anderes erwartet.

Sie haben mit einer eleganten Pariserin gerechnet.
Mit einer erotischen Frau im Glitzerkostüm.
Mit langen Beinen
und mit einem tiefen Ausschnitt am Kleid.
Und dann stehe ich da
mit meinen mickrigen 1 Meter 46.

In den Zeitungen machen sie mich nieder:

*Schulmädchen Piaf mit traurigen Liedern im
Playhouse.*

Deprimierende Lieder über Elend und Einsamkeit.

*Enttäuschendes Debüt
einer unscheinbaren Französin.*

Lieder im schlechtesten Englisch aller Zeiten.

Dabei hatte ich vor der Tournee
noch Englischunterricht genommen.
Aber kein Mensch kann mein Englisch verstehen.
Und kein Mensch spricht hier Französisch.
Sie verstehen überhaupt kein Wort von dem,
was ich singe.
Es ist furchtbar.
Meine Konzerte in Amerika sind eine Katastrophe.
Und unser Vertrag geht noch über viele Wochen.

Ich muss das Gastspiel
bis zum bitteren Ende durchhalten.
Danach werde ich so schnell wie möglich
wieder abreisen.
Zurück nach Paris.

Am Abend klingelt mein Telefon.
Es ist Louis Barrier.
Seit zwei Jahren ist er mein Manager.
Er kümmert sich um Konzertverträge.
Er verhandelt meine Gage.
Und er achtet darauf,
dass ich nicht in Bars und Clubs versumpfe.
Louis Barrier ist für mich wie ein guter Vater.
Ich nenne ihn *Loulou*.
Das hört sich nicht so streng an.

Loulou berichtet mir am Telefon
von einem Zeitungsartikel:
„Ein wichtiger Musik-Kritiker hat
über dich geschrieben, Edith.
Der Mann hat großen Einfluss
auf die Musik-Szene in Amerika."
„Und was hat der nun wieder an mir auszusetzen?",
frage ich müde.
„Gar nichts", sagt Loulou, „ganz im Gegenteil.
Dieser Journalist ist begeistert von dir.
Er heißt Virgil Thomson.

Er schreibt, dass du eine echte Künstlerin bist.
Eine herausragende Sängerin
mit poetischen Texten.
Er schreibt, dass die Amerikaner
einfach zu dumm sind.
Sie können mit echter Kunst nichts anfangen.
Er schreibt, dass Amerika dich nicht so
gehen lassen darf.
Es wäre eine Schande
für das amerikanische Publikum."

Mit einem Mal bin ich hellwach.
„Und nun?", frage ich Loulou.

„Nun wirst du ab dem 14. Januar
im Club *Versailles* auftreten.
Im elegantesten Cabaret von New York."
„Soll ich es hier wirklich noch einmal versuchen,
Loulou?"

„Ja, Edith, auf jeden Fall.
Ich habe einen Vertrag
mit dem amerikanischen Agenten abgeschlossen.
Du bekommst ein Gastspiel im *Versailles*.
Wenn es gut läuft,
kannst du dort viele Jahre auftreten.
Jetzt kommt es nur noch auf dich an.
Und auf die Musik-Kenner im Publikum."

„Und auf mein Englisch", sage ich.
„Loulou, bitte besorge mir die beste
Englischlehrerin von New York!"

14. Januar 1948

Ich fühle mich noch kleiner als ich bin.
Nach dem Misserfolg im *Playhouse* muss ich
heute Abend wieder auf die Bühne.
Heute beginnt mein Gastspiel im *Versailles*.

Ich ziehe mein schwarzes Kleid an.
Ich spüre eine neue Angst.
Eine Angst, die ich nicht kenne.
Es ist die Angst, das Publikum wieder nicht
überzeugen zu können.
In wenigen Stunden muss ich auf die Bühne raus.

Loulou ruft mich noch einmal an:
„Das *Versailles* ist ausverkauft, Edith.
Du wirst ein sehr erlesenes Publikum haben.
Weltbekannte Stars haben Karten
für dein Gastspiel gekauft:
Die berühmte Sängerin Marlene Dietrich
wird kommen.
Schriftsteller und Schauspieler werden da sein.
Und stell dir vor:
Charlie Chaplin kommt auch.
Du weißt doch: dieser weltbekannte Komiker.
Alle wollen dich erleben, Edith.
Der Artikel von Virgil Thomson hat
die ganze Künstler-Welt wachgerüttelt.“

„Aber werden sie mich mögen, Loulou?",
frage ich besorgt.
„Sie sind selber Künstler, liebe Edith.
Sie müssen dich nicht mögen.
Sie werden dich singen hören.
Und sie werden deine Kunst zu schätzen wissen."

Jeden Tag habe ich mindestens
vier Stunden Englisch gepaukt.
Mit einer sehr strengen Privatlehrerin.
Diesmal werden sie meine Texte verstehen können.
Das hoffe ich jedenfalls.
Ich schlage meine Hand vom Mund weg.
Ich will jetzt nicht Fingernägel kauen.
Heilige Therese von Lisieux, bitte steh mir bei!
Der Vorhang öffnet sich.

Im Rampenlicht denke ich plötzlich an nichts mehr.
Ich tauche ein in meine Lieder.
Ich singe meine Chansons.
Wie Bilder des Lebens ziehen sie an mir vorbei.
Und jeder aus dem Publikum darf sie betrachten.
In sie versinken, mit ihnen leiden, sehnen, hoffen.

„Bravo! Bravo, Piaf!"
rufen sie schon nach den ersten Liedern.
Der Applaus trägt mich weiter
zum nächsten Chanson.

Wenn ich singe, ist es wieder still im Saal.
Keiner isst oder trinkt oder redet.

Ich singe das Lied vom Akkordeon-Spieler.
Wie immer rufe ich zum Schluss des Liedes:
„Haltet die Musik an!"

Weil das Mädchen in dem Lied nicht erträgt,
dass ihr Akkordeon-Spieler nie wieder
aus dem Krieg zurückkehrt.
Das Orchester hört auf zu spielen.
Und noch einmal rufe ich,
wie die verzweifelte Liebende:
„Haltet die Musik an!"
Ich sehe zu Charlie Chaplin.
Er weint vor Rührung.

Das Publikum ist ergriffen.
Die Stimmung ist ernst.
Ich muss diese Schwere jetzt durchbrechen.
Ich werde jetzt ein Lied singen,
das ich selber geschrieben habe.

Ich singe: *La vie en rose*.
Das ganze Leben in Rosarot:

„Wenn er mich umarmt
Wenn er spricht

Dann ist mein Leben
eingetaucht in ein rosarotes Licht

Er sagt mir Worte der Liebe
Worte, jeden Tag
Sie berühren mich innig
Weil er mich so mag
Eine Liebe ohne Ende
Eine Liebe, Nacht für Nacht
Sie hat den Kummer von mir genommen
Und Glückseligkeit gebracht

Wenn er mich umarmt
Wenn er spricht
Dann ist mein ganzes Leben
eingetaucht in ein rosarotes Licht."

Das Lied endet mit Geige und Klavier.
Ich singe dazu ein zartes „*Lalala* .."
Ich sehe in die Gesichter.
Die Menschen sind verzaubert.
Sie sind mit mir eingetaucht
in das Liebesglück.

Der Applaus reißt uns alle
aus der verträumten Stille.
„Bravo! Bravo!", rufen sie.
Sie sind aufgestanden und klatschen weiter.

Blumen regnen auf die Bühne herab.
Rote Rosen.
Es regnet rote Rosen!
„Danke, heilige Therese", sage ich leise.
Ich lache.
Ich strahle.
Ich bin überglücklich.

„Du hast es geschafft, meine liebe Edith."
Loulou schreit ganz aufgeregt ins Telefon.
„Du hast es geschafft, Edith!
Du hast Amerika für dich erobert."

Alle Vorstellungen werden große Erfolge.
In den Zeitungen feiert man mich wie eine Königin.
Fast jeden Abend kommt
Marlene Dietrich zu meinen Konzerten.
Wir freunden uns an.
Marlene schenkt mir ein goldenes Kettchen.
Es hat einen Anhänger:
Ein Kreuz, mit grünen Smaragden besetzt.
Ich werde das Kettchen von Marlene
nie mehr in meinem Leben ablegen.

Die große Liebe

Heute schreibe ich mal wieder einen Brief
an meinen vertrauten Freund Jacques Bourgeat.
Ich muss ihm unbedingt alles erzählen.

Lieber Jacques Bourgeat,
du hast es sicher
in den französischen Zeitungen gelesen:
Der zweite Anlauf hier in Amerika ist gelungen.

Ich feiere einen Erfolg nach dem anderen.
Aber sobald der Applaus verklingt,
irre ich wieder umher.
Immer bin ich auf der Suche.
Auf der Suche nach einem Nest.
Wie oft träume ich von einem kleinen, ruhigen Alltag.
Wie gerne wäre ich eine ganz normale Frau.
Mit einer ganz normalen Familie.

Geht das überhaupt, Jacques?
Wenn man ein Kind der Straße war?
Wenn man von einer Bühne auf die nächste steigt?
Wenn man durch das Leben zieht
wie eine Zirkus-Artistin?

Ja, Jacques, ich glaube daran.
Ich glaube an die große Liebe.

Seitdem ich ihm begegnet bin.
Jetzt fragst du dich sicher:
Wer ist dieser Mann?

Er heißt Marcel Cerdan.
Ich habe Marcel früher schon in Paris kennengelernt.
Marcel ist Boxer.
Aber nicht irgendein Boxer.
Marcel will Weltmeister werden.

Letztes Jahr sind wir hier in New York essen gewesen.
Seit dem Abend haben wir uns
immer wieder getroffen.
Marcel ist mein neues Glück.
Als Boxer schlägt er hemmungslos zu.
Aber als Mensch ist er gutmütig und barmherzig.
Einem Freund aus Algerien hat er
eine furchtbar teure Augenoperation bezahlt.
Er hat ihn vor dem Erblinden gerettet.

Zwischen seinen Kämpfen boxt Marcel
für gute Zwecke.
Er spendet alle Einnahmen für Kinderheime.
In einem Kampf gegen einen alten Boxer
hat Marcel plötzlich nicht mehr weiter zugeschlagen.
Marcel hat den Kampf durch Punkte gewonnen.
Er hat darauf verzichtet,
seinen Gegner k.o. zu schlagen.

Ja, lieber Jacques, ich verehre Marcel Cerdan.
Marcel glaubt immer an das Gute.
Auch in mir.
Eine solche Liebe habe ich noch nie erlebt.
Möge sie lange, lange leben.

Herzlichst
Deine Edith

Der Wettkampf

Marcel und ich haben
eine wunderbare Liebesbeziehung.
Für ihn bin ich seine kleine Edith
mit der großen Stimme.
Für mich ist er der Mann,
bei dem ich mich endlich anlehnen kann.

Wenn Marcel zwischendurch
nach Frankreich zurückfährt,
haben wir große Sehnsucht nacheinander.
Wir telefonieren und schreiben uns
so oft wie möglich.
Und so oft wie möglich kommt er zu mir
nach Amerika zurück.
Aber wir müssen vorsichtig sein.
Niemand darf von unserer Liebe erfahren.
Marcel ist verheiratet und hat Kinder.
Seine Frau Marinette lebt mit den Kindern
in Casablanca.
Wir können uns keinen Skandal leisten.

Am 21. September 1948 ist der große Tag da:
Marcel kämpft heute um den Titel als Weltmeister
im Boxring von New Jersey.
Zusammen mit Momone, Loulou und Freunden
bin ich im Stadion.

Die Fans nennen Marcel den *Bomber*.
Mein Bomber wird gegen den Amerikaner
Tony Zale kämpfen.
Sie nennen ihn den *Mann aus Stahl*.

„Der Kerl aus Stahl wird deinen Marcel totschlagen",
sagt Momone.
„Halt die Klappe!", sage ich erschrocken.
Denn auch die Fans von Tony Zale rufen:
„Tod dem Franzosen!
Mach ihn fertig, Tony!"
„Heilige Therese, steh ihm bei!",
bete ich dagegen an.

Nach jeder Runde werde ich aufgeregter.
Zwölf Runden sind bereits vorbei.
Tony Zale steht noch immer auf seinen Beinen.
Das Publikum tobt.
Manche schlagen sich schon gegenseitig
die Köpfe ein.
„Marcel! Marcel!", schreie ich ohne Unterbrechung.
Auch Momone schreit jetzt mit.
„Der Amerikaner torkelt!", ruft sie.
„Der hat weiche Knie.
Schlägt deinen Marcel wohl doch nicht tot."

Wie vom Blitz getroffen,
sackt der *Mann aus Stahl* plötzlich zusammen.

Der Schiedsrichter zählt.
Wenn der Amerikaner bei zehn nicht wieder
aufgestanden ist, dann hat Marcel gewonnen.
Die Zuschauer sind kaum noch
auf den Plätzen zu halten.
„…acht, neun, zehn!"
Der Amerikaner bleibt liegen.

Der Schiedsrichter ruft:
„Sieg durch k.o.!"
Er streckt Marcels Arm hoch in die Luft.
„Marcel Cerdan ist neuer Weltmeister
im Mittelgewicht!
Sieg durch k.o. gegen Tony Zale."

Ich umarme Momone.
Ich boxe sie.
Ich küsse sie.
„Mein Liebster hat es geschafft!
Mein Liebster ist Weltmeister!"

„Bist du wohl ruhig!"
Momone hält mir den Mund zu.
„Willst du, dass es gleich die ganze Welt erfährt?"

Schock!

Unser Alltag besteht aus Festen und Feiern.
Marcel wird als Weltmeister gefeiert.
Und mich feiern sie auf den Bühnen der Welt
und im *Versailles*.
Unsere Beziehung können wir kaum noch
geheim halten.
Marcels Frau Marinette droht schon mit Scheidung.
Wir treffen uns heimlich weiter,
in Paris und in Amerika.

Am Abend liest mir Marcel
aus den amerikanischen Zeitungen vor:
„Sie nennen dich die *Göttin des Chanson*!
Alle deine Vorstellungen sind
schon wieder ausverkauft."

Wir beiden sind stolz aufeinander.
Wir haben als Kinder Armut erlebt.
Aber wir haben uns beide nach oben gearbeitet.
Er kämpft für seine Leidenschaft.
Ich singe für die meine.
Und gemeinsam feiern wir unsere große Liebe.

Und doch fährt Marcel auch wieder
nach Casablanca.
Zu seiner Marinette und seinen Kindern.

„Siehst du", sagt Momone.
„Du bist eben doch nur seine Geliebte."

Wir schreiben uns heimlich.
Wir telefonieren heimlich.
Aber ich leide furchtbar ohne Marcel.

Dann endlich steht wieder eine seiner Reisen
nach Amerika an.
Marcel hat einen Probekampf in New York.
Und er hat große Sehnsucht nach mir.
Ende Oktober werden wir uns endlich wieder
in den Armen liegen.

„Mein Schatz", sage ich am Telefon.
„Nimm nicht das Schiff!
Das dauert doch Ewigkeiten.
Mit dem Flugzeug bist du viel schneller."

Marcel zögert.
„Chérie, du weißt doch,
ich hasse das Fliegen."
„Aber mit dem Schiff brauchst du Wochen",
sage ich.
„Mit dem Flugzeug nur ein paar Stunden.
Ich habe solche Sehnsucht nach dir.
Komm so schnell wie möglich,
Chérie, bitte!"

Ein paar Tage später schreibt mir Marcel:
Chérie, komme mit dem Flugzeug.
Flug: Air France 009 Paris-New York.
Abflug: 27. Oktober 1949, 21.00 Uhr ab Paris-Orly.
Zwischenlandung auf den Azoren.
Ankunft: 28. Oktober 1949, vormittags in New York.
Wir sehen uns also am frühen Nachmittag.
So schnell bin ich bei dir.
Kuss, dein Marcel.

Am Vortag von Marcels Ankunft trete ich noch
im *Versailles* auf.
Es ist wieder einmal ein voller Erfolg.
Glücklich und müde komme ich nach Hause.
„Lasst mich morgen früh bloß ausschlafen!“,
sage ich zu meinen Leuten.
„Für Marcel will ich frisch und erholt aussehen.
Aber weckt mich rechtzeitig, bevor er kommt!
Loulou, holst du ihn zusammen mit Marc Bonell
vom Flughafen ab?“
Loulou nickt.

Als ich aufwache, strecke ich mich im Bett.
Ich sehe auf die Uhr.
Es ist schon früher Nachmittag.
„Warum habt ihr mich nicht geweckt?“,
rufe ich ärgerlich.
„Marcel ist doch schon längst da.“

Alle um mich herum schweigen.
„Loulou", sage ich,
„wo hat sich Marcel versteckt?
Ich finde ihn sowieso.
Marcel, mein Liebster, wo bist du?"
Niemand lacht über das Versteckspiel.

Loulou sieht mich ernst an.
Er nimmt meine Hand.
„Edith, du musst jetzt stark sein.
Sehr stark!"
„Was ist passiert, Loulou?"
Meine Freunde starren an die Wand
oder auf den Fußboden.
Angst kriecht durch meinen Körper.
„Loulou! Wo ist Marcel?"

„Es hat ein Unglück gegeben, Edith.
Das Flugzeug ist abgestürzt.
Es ist gegen einen Berg geprallt.
Bei der Zwischenlandung auf den Azoren."

Ungläubig sehe ich Loulou an.
„Es ist nicht das Flugzeug,
in dem Marcel saß", sage ich.
Ich schüttle Loulou an den Schultern.
„Wo ist Marcel?
Was ist mit Marcel?"

„Es war sein Flug, Edith.
Marcel steht auf der Liste der Passagiere.
Es waren 48 Personen an Bord:
das Flugpersonal, Reisende aus Amerika
und Passagiere aus Frankreich.
Darunter war auch Marcel.“

„War? War? Wieso war?“, schreie ich.
„Marcel kommt heute Abend zu meinem Konzert.
Er ist schon in New York.
Er kauft wahrscheinlich gerade Blumen für mich.
Die schönsten Blumen der Welt.
Ich muss mich schnell fertig machen.
Marcel wird jeden Augenblick hier sein.
Und ihr Idioten habt mich nicht geweckt.“

Loulou drückt meine Hand noch fester.
„Edith, niemand an Bord hat das Unglück überlebt.“

Ich singe um mein Leben

Es ist nichts.
Es ist nichts um mich herum.
Nichts in mir drin.
Nicht einmal ein Gefühl.
Ich stehe da, in meinem Morgenmantel.
Mit Pantoffeln an den Füßen.
In meinem Mund muss noch
der Geschmack des Schlafes sein.
Irgendwo um mich herum sind die anderen.
Ich höre sie nicht.
Ich sehe sie nicht.
Ich spüre nicht kalt noch warm.
Es ist nur leer.
Leer und schwarz und schwer.
Es ist nichts.

Ich gehe zum Fenster.
Weil dort Licht ist.
Meine Freunde springen sofort auf.
„Keine Angst", sage ich.
„Ich stürze mich nicht aus dem Fenster.
Vielleicht morgen oder übermorgen.
Aber nicht heute.
Heute Abend werde ich singen.
Für ihn.
Für Marcel.

Heute Abend wird er bei mir sein.
Heute Abend werde ich ihm sein Leben
wiedergeben durch meine Musik.
Ich werde singen um sein und mein Leben."

Loulou sieht die anderen an.
Alle sehen bestürzt aus.
„Edith!", sagt er.
„Du kannst heute Abend unmöglich auf die Bühne.
Du kannst doch jetzt nicht auftreten.
Du wirst das nicht schaffen."

„Legt das schwarze Kleid raus!", sage ich.
Dann schlage ich die Tür vom Badezimmer
hinter mir zu.

Der Abgrund

Die Bühne im *Versailles* ist heute Abend
meine Kirche.
Ich begrüße das Publikum mit den Worten:
„Sie alle wissen, was geschehen ist.
Heute Abend werde ich für ihn singen.
Für meine große Liebe: für Marcel Cerdan.
Heute Nacht musste er sein Leben lassen.
Aber gleich wird er hier sein.
Hier in meinen Liedern."
Noch nie war es so still im Saal.

Ich singe meine Chansons.
Ein Lied nach dem anderen.
So, wie ich sie sonst auch singe.
Aber alle Lieder haben jetzt
eine neue Bedeutung bekommen.
Alle meine Lieder über Liebe, Verlust und Abschied.
Das Publikum weiß nicht,
ob es klatschen oder lieber schweigen soll.
Aber dann reißt meine Musik sie doch mit.

Ab und zu spüre ich ein Zittern in meinen Beinen.
Vor ein paar Wochen habe ich
einen Liedtext geschrieben.
Marguerite Monnot hat die Musik
dazu komponiert.

Wir konnten nicht ahnen,
dass dieses Lied Wirklichkeit würde.
Ich werde dieses Lied jetzt für Marcel singen.
Ich singe *Die Hymne an die Liebe*:

„Wenn über uns der blaue Himmel einstürzt
Wenn unter uns die Erde vergeht
Das berührt mich nicht
Denn nur deine Liebe zählt

So lange mich deine Liebe am Morgen umhüllt
So lange mein Körper deine Hände fühlt
So lange gibt es keine Sorgen für mich in der Welt
Denn nur deine Liebe zählt

Für dich gehe ich bis ans Ende der Welt
Für dich stehle ich einen Haufen Geld
Sogar meine Haare würden für dich blond
Vom Himmel holte ich für dich den Mond
Wenn du es nur von mir willst

Und wenn eines Tages mein Leben zerbricht
Weil du stirbst und weit weg bist von mir
Dann sorge ich mich dennoch nicht
Wenn ich die Liebe spüre von dir

Wenn ich eines Tages selber sterben werde
Leben wir beide außerhalb der Erde

Wir leben weiter im Himmel der Unendlichkeit
Weil Gott die Liebenden für immer vereint
Mein Liebster, glaubst du, dass wir uns lieben?"

Gegen das Scheinwerferlicht sehe ich
das Publikum in den ersten Reihen.
Pärchen halten sich die Hände.
Verliebt sehen sie sich an.
Andere wischen sich Tränen aus den Augen.
Meine Hymne ist ein Lied über das Sterben.
Meine Hymne ist zugleich ein Hochzeitslied.

Mein nächstes Chanson wird sofort angekündigt:
Der Zwischenstopp.
Als ich die erste Strophe singe,
beginnt es, in meinem Kopf zu hämmern:
Der Zwischenstopp!
Die Zwischenlandung!
Das Flugzeug!
Der Berggipfel auf den Azoren!
Marcel!
Was musste er erleiden?
Was waren seine letzten Gedanken?
Ich war es, die ihn gedrängt hat.
Ich wollte, dass er das Flugzeug nimmt
und nicht das Schiff.
Ich wollte ihn nur für mich.
Ich habe alles zerstört.

Meine Beine zittern immer stärker.
Ich schwanke.
Ich greife nach dem Vorhang,
Ich kralle meine Hände in den roten Samt.
Alles dreht sich.
Die Bühne, der Saal, das Licht.
Ich sinke auf den Boden.
Ins Nichts.

Als ich wieder aufwache,
redet Loulou auf mich ein:
„Ich habe dich gewarnt, Edith.
Der Auftritt war zu viel für dich.
Mindestens vier Tage darfst du nicht mehr
auf die Bühne.
Du brauchst eine Pause."

Das Gift des Teufels

Ohne Auftritte ist alles noch schlimmer.
Ohne Ablenkung leide ich noch mehr.

Ich trinke.
Ich betrinke mich jeden Tag.
Zum ersten Mal habe ich getrunken,
als sie mein kleines Mädchen
ins Grab hinunterließen.
Armut und Elend habe ich inzwischen
hinter mir gelassen.
Aber das Gift des Teufels klebt noch immer an mir.
Es gibt immer einen Grund zu trinken:
Jeder Erfolg wird gefeiert.
Jeder Misserfolg mit Alkohol vergessen.
Auf neue Liebhaber erhebe ich ein Glas.
Die Trennung danach wird mit Alkohol
runtergespült.

Loulou macht sich Sorgen.
„Du bist fast jeden Abend betrunken, Edith.
Du musst damit aufhören!
Du wirst sonst sehr krank.
Und die Leute sprechen auch schon über dich."

„Wegen gestern im Versailles?",
frage ich schuldbewusst.

„Nicht nur wegen gestern", sagt Loulou.
„Aber gestern war es ganz furchtbar, Edith.
Nach dem Konzert hast du einen Champagner
nach dem anderen getrunken.
Du bist auf allen Vieren herumgekrochen.
Und du hast dabei gerufen:
Ich bin ein Hund. Ich bin ein Hund.
Es war schrecklich peinlich."

„Ich weiß, Loulou.
Es tut mir leid."
Jedes Mal schäme ich mich,
wenn ich betrunken war.
Auch mein Körper leidet immer mehr.
Morgens komme ich nicht aus dem Bett.
Mir ist übel.
Ich habe furchtbare Kopfschmerzen.
Meine Hände zittern.
Mein Herz rast, obwohl ich nur liege.
Der Bauch tut mir weh.
Nachts kann ich nicht schlafen.

Am schlimmsten aber ist mein schlechtes Gewissen.
Jeden Morgen werde ich mit Schuldgefühlen wach:
Was habe ich gestern nur wieder angestellt?
Wem habe ich weh getan?
Über was habe ich geredet?
Habe ich mich wieder lächerlich gemacht?

Ich weiß es nicht.
Ich kann mich oft nicht erinnern.
Mein Gehirn ist wie ein Sieb.
Manchmal vergesse ich sogar,
wo ich meine Flaschen versteckt habe.

Immer wieder nehme ich mir vor aufzuhören.
Immer wieder scheitere ich daran.
Nach Marcels Tod habe ich
schlimmes Rheuma bekommen.
Es sind schreckliche Schmerzen.
In den Gelenken.
In den Fingern.
In den Füßen.
Ich bekomme starke Tabletten dagegen.
Ich schlucke vorsichtshalber die doppelte Dosis.
Zusammen mit dem Gift des Teufels
ist es erträglicher.

An Marcels Beerdigung darf ich nicht teilnehmen.
Auch nicht an allen öffentlichen Feiern für ihn.
Aus Rücksicht auf seine Frau und die Kinder,
heißt es.

Aber dann lädt mich Marinette eines Tages
nach Casablanca ein.
Wir sprechen uns aus.
Von Frau zu Frau.

Die Trauer verbindet uns beide.
Nach dem Besuch in Casablanca hole ich
Marinette und die Kinder nach Paris.
Im Andenken an Marcel versöhnen wir uns.
Ich verwöhne Marinette und Marcels Kinder.
In den Kindern lebt Marcel weiter.
Und meine Seele blüht langsam wieder auf.
Vielleicht schaffe ich es ja doch eines Tages,
nichts mehr zu trinken.

Süchtig

„Marcel ist mein Gott, Momone.
In alle Ewigkeit werde ich ihn lieben."
Momone gießt uns Wein nach.
„Mit dem hättest du es auch
nicht lange ausgehalten", sagt sie.
„Doch", sage ich trotzig.
„Mit Marcel hätte ich es ausgehalten."

Momone lacht.
„Ja, aber nur, wenn du noch
zwei andere Männer dazu gehabt hättest.
Zum Beispiel diesen Jean-Louis Jaubert.
Den Chef von den *Compagnons de la Chanson*."

„Das war vor Marcel", sage ich.
„Aber du warst mit ihm noch zusammen,
als du schon mit Marcel angebändelt hast."
„Stimmt", sage ich.

„Und was ist mit Charles Aznavour,
dem aufsteigenden Sänger?"
„Nichts, Momone.
Mit Charles habe ich nichts.
Wir sind wie Brüderchen und Schwesterchen.
Charles ist mein Sekretär,
mein Hausmeister und Chauffeur.

Und er schreibt wunderbare Lieder für mich.
Außerdem mache ich ihn reif für die Bühne.
Eines Tages wird er zu den Besten
des französischen Chansons gehören."

Ich lege Tabletten auf den Tisch.
Ich spüle sie mit Wein runter.
Momone sieht auf die Tabletten.
„Tut dir dein Arm noch weh?", fragt sie.
„Von dem Unfall?"

Charles Aznavour und ich
hatten vor ein paar Tagen einen Unfall.
Charles saß am Steuer.
Ich weiß nicht, warum der Wagen
ins Schleudern kam.
Plötzlich wurden wir aus der Kurve getragen
und landeten im Graben.
„Wie gut, dass weiter nichts passiert ist", sage ich.
„Nur die Prellung im Arm."

Ich erhole mich schnell.
Und sofort geht es wieder auf die Bühne.
Bei mir gibt es nur Zwangspausen.
Durch Krankheit, Operationen oder Unfälle.
Nur drei Wochen nach dem Unfall
mit Charles Aznavour war es wieder so weit.
Einer von meinen Geliebten saß am Steuer.

Der Wagen kam von der Straße ab.
Ich wurde schwer verletzt
in ein Krankenhaus gebracht.
Im Krankenhaus haben sie mir
ein Medikament mit Morphium gespritzt.
Gegen die Schmerzen.
Es ist ein Wundermittel.
Es ist der Himmel für mich.
Mit Morphium versinke ich in weicher, blauer Ruhe.

Ein neuer Brief

Lieber Jacques Bourgeat,
seit über 15 Jahren schreiben wir uns nun Briefe.
Dir kann ich alles anvertrauen.
Und immer hast du einen guten Rat für mich.

Du weißt, dass ich furchtbar viel trinke.
Dazu kommen noch die Tabletten und Spritzen.
Ich habe nicht die Kraft, damit aufzuhören.
Nur meine Musik gibt mir etwas Ruhe
und Selbstvertrauen.
Wenn ich nicht mehr singen könnte,
würde ich sterben.
Aber ich brauche immer mehr Medikamente,
um auf der Bühne durchhalten zu können.
Bevor der Vorhang aufgeht,
spritze ich mir in den Oberschenkel.
Das Morphium hält eine ganze Weile an.
Aufputschmittel halten mich hellwach.
Zum Einschlafen brauche ich dann Schlaftabletten.
Nachts quält mich seit Jahren dieser eine Gedanke:
Marcel könnte noch leben.
Wenn ich ihn nicht zum Fliegen gedrängt hätte.

Ach Jacques, vielleicht gibt es jetzt eine Lösung.
Seit einiger Zeit habe ich nämlich
einen neuen Liebsten.

Er heißt Jacques Pills.
Ja, schon wieder ein Jacques.
Jaques Pills ist Sänger.
Wir singen ab und zu zusammen auf der Bühne.
Außerdem schreibt er wunderbare Chansons
für mich.
Und jetzt stell dir vor:
Er hat mich gefragt,
ob ich seine Frau werden will.

Ich und heiraten!
Passt das zusammen?
Was meinst du?
Vielleicht ist eine Ehe meine Rettung?
Vielleicht kann ich dadurch
mein ganzes Leben ändern?
Ich freue mich auf deine Antwort.

Herzlichst
Deine Edith

Ich kann die Antwort auf den Brief nicht abwarten.
Ich bin zu aufgeregt.
Wer will schon eine Frau wie mich heiraten?
Ich habe keine Ahnung,
wie man einen Haushalt führt.
Ich bin launisch.
Treu sein ist nicht meine Stärke.

Und wenn es mir zu langweilig wird,
haue ich sofort ab.
Ob Jacques weiß,
auf was er sich da einlässt?
Ob er weiß, wie es wirklich um mich steht?

„Gut, mein Schatz", sage ich zu ihm.
„Ich bin einverstanden.
Ich will deine Frau werden."
Jacques nimmt mich zärtlich in seine Arme.
Er freut sich wie ein kleiner Junge.
Wochenlang haben wir nichts anderes mehr
im Sinn als unsere Hochzeit.

Marlene Dietrich soll meine Trauzeugin werden.
Sie ist sofort einverstanden.
Sie sucht für mich das Brautkleid aus.
Es ist wunderschön.
Das erste Brautkleid in meinem Leben.
Dafür musste ich nun fast 37 Jahre alt werden.

Ob ich Jacques wirklich liebe?
In der Kirche werde ich jedenfalls *ja* sagen.
Am 20. September 1952 heiraten wir in New York.

Angst

Mann und Frau.
Dass ich nicht lache!
Der Alltag holt uns schnell ein.
Unsere Ehe ist ständig auf Reisen.
Jacques hat seine Auftritte.
Ich habe meine.
Ich trete in ganz Amerika auf:
in Los Angeles, San Francisco,
in Kalifornien, in Dallas und in Chicago,
in Kanada, Mexiko, Brasilien und Kuba.
Über ein Jahr lang bin ich auf Tournee.
Und wenn Jacques nicht mit dabei ist,
lerne ich wirklich nette Männer kennen.
Ich hasse Langeweile.

Jacques ist nicht gerade ein stürmischer Liebhaber.
Aber er ist ein geduldiger Ehemann.
Wer sollte mich auch sonst ertragen können?

Nach der Tournee im Jahr 1953 macht mir Loulou
mal wieder Vorwürfe:
„Du gibst zu viel Geld aus, Edith.
Musst du denn immer noch für die Kinder
von Marcel sorgen?
Warum bezahlst du für alle deine Freunde
im Restaurant?

Müssen es immer gleich
dreißig oder vierzig Leute sein?
Und müssen es immer die teuersten Lokale sein?"

„Es ist doch *mein* Geld", antworte ich verärgert.
„Aber du vertrinkst dein ganzes Geld",
mahnt Loulou.
„Du brauchst dir keine Sorgen um mich zu machen",
zische ich ihn an.
„Alle machen sich Sorgen um dich, Edith.
Sieh doch nur in den Spiegel."
„Ich sehe nur die berühmte Edith Piaf!",
sage ich trotzig.
„Die berühmte Edith Piaf würde nie
ihren Text vergessen", sagt Loulou.

Ich sehe auf den Boden.
Ich schäme mich tatsächlich.
Loulou erinnert mich an einen peinlichen Vorfall.

Ich sehe alles noch genau vor mir:
Bei einer meiner Tourneen trete ich
in einem Casino auf.
Den ganzen Nachmittag über
hatte ich schon getrunken.
Ich gehe auf die Bühne.
Ich kann kaum etwas
gegen das Schwanken machen.

Das Publikum dreht sich vor meinen Augen.
Ich kann nichts mehr klar erkennen.
Das Orchester beginnt zu spielen.
Ich will anfangen zu singen.
Aber meine Zunge ist furchtbar schwer.
Noch viel schlimmer aber ist,
dass mir der Text nicht einfällt.
Mein Kopf ist wie eingeklemmt.
Ich erfinde irgendwelche Worte.

Das Publikum pfeift.
„Edith, reiß dich zusammen!", sage ich mir.
Irgendwie schaffe ich das Konzert dann doch noch.
Aber seit diesem Vorfall spüre ich
eine große Angst in mir.
„Loulou, ich verspreche dir:
Ich werde nichts mehr trinken."

Mein Mann Jacques lernt mich jetzt
erst richtig kennen.
Mein Körper ist von Morphium-Spritzen zerstochen.
Mein Gesicht ist aufgedunsen
von Medikamenten und vom Alkohol.
Ich habe Angst, dass Jacques mich eines Tages
abstoßend findet.
Und mein Publikum?
Wie lange wird es zu mir halten?

Die Hölle

Am Anfang unserer Ehe trinkt Jacques noch
gerne mit mir zusammen.
Weil ich dann noch lustiger bin als sonst.
Aber ich werde auch aggressiv, wenn ich trinke.
Oder ich verhalte mich wie ein jämmerliches Tier.
Ich weiß, dass ich Jacques dadurch verlieren werde.
Ich beschließe, einen Alkohol-Entzug zu machen.
Ich gehe freiwillig in die Klinik *Bellevue*
in der Nähe von Paris.

Eine Schwester führt mich in mein Zimmer.
Es sieht aus wie in einem Hotel.
„Was trinken Sie gewöhnlich?", fragt sie mich.
„Wein, Bier, Schnaps und Whisky", antworte ich.

Etwas später bekomme ich genau diese Getränke
auf mein Zimmer gebracht.
„Gefällt mir, diese Therapie", denke ich.
Am Abend bin ich sturzbetrunken.
Ich gehe ins Bett und freue mich schon
auf den nächsten Tag.

Aber der nächste Tag ist die Vorhölle.
Sie bringen mich dazu, mich zu übergeben.
Sie holen alles raus, was in mir an Gift steckt.
Und es gibt keinen Nachschub.

Keinen Tropfen Alkohol bekomme ich.
Und keine Drogen.

Die nächsten Tage sind die Hölle.
Ich habe am ganzen Körper Schmerzen.
Mein Kopf wird gleich platzen.
Dieser Druck ist unerträglich.
Ich zittere.
Ich habe Wutanfälle.
Ich schreie.
Ich zerschlage alles, was in meinem Zimmer steht.
Ich stürze mich auf die Schwestern,
sobald sie reinkommen.
Ich beiße und trete.
Sie halten mich fest.
Ich schreie:
„Ich werde sterben!
Ich werde sterben!"

Ich brülle ununterbrochen.
Ich habe Wahnvorstellungen:
In meinem Zimmer sind grässliche Gestalten.
Widerliche Zwerge.
Sie kommen näher.
Immer näher.
Sie werden mich töten.
Ich rufe nach den Schwestern.
„Lasst mich sterben!", schreie ich sie an.

Nach einigen Tagen bin ich völlig erschöpft.
Aber ich werde ruhiger.
Ich habe es geschafft.
Glaube ich.

Im Sommer 1954 gehe ich wieder auf Tournee.
Diesmal zusammen mit einem riesigen Zirkus.
Ich bin als Höhepunkt
der musikalischen Show eingeplant.
Mein Name steht ganz dick auf den Plakaten:
Die Attraktion: Edith Piaf – Die Königin des Chanson!
Wir haben 80 Auftritte in 90 Tagen vor uns.
Ich freue mich riesig.
Denn die Welt der Artisten ist mir so vertraut.
Wir ziehen von Ort zu Ort.
So kenne ich es.
Ruhelos.
Heimatlos.
Und jeden Tag Show!

Und jeden Tag wieder Alkohol und Drogen.
Ich brauche das Zeug, um durchzuhalten.
Die Tournee ist hart.
Das Tempo zu schnell.
Ich singe wie eine Marionette.
Ich bin wie ein Artist, der an einem Seil hängt.
Und dieses Seil, es löst sich auf.
Es wird gleich reißen.

Gleich, jeden Augenblick.
Diese Angst …
Sie beschleicht mich wie ein böses Gespenst.

Nach der Tournee fahre ich sofort wieder
in die Klinik *Bellevue*.
Ich kann nicht mehr.
Die Drogen haben mich wieder geschafft.

Zwei Jahre bin ich nun mit Jacques verheiratet.
Aber was hat er von mir?
Er leidet.
Er hofft auf meinen dritten Entzug.
Auf meinen vierten …?
Wenn ich es diesmal wieder nicht schaffe …
Oder hofft er gar nicht mehr?

Karussell

Mein Leben ist zu schnell, zu voll, zu dicht.
Heute singe ich in Paris.
Morgen in New York.
In Schweden, Brasilien oder in der Schweiz.

So, wie ich die Bühnen wechsle,
wechsle ich die Männer.
Mein Leben ist wie ein Kirmes-Karussell.
Wir drehen und drehen uns zu meiner Musik.
Schneller! Schneller!
Haltet nicht an!
Lasst uns lachen!
Dann schreien!
Dann streiten!
In der nächsten Runde drehen sich andere mit mir.
Lasst mich nur nicht allein
in meinem Karussell der Einsamkeit!

Jacques hält es nicht mehr aus mit mir.
Dabei bin ich wenigstens
vom Morphium weggekommen.
Drei Mal war ich in der Klinik *Bellevue*.
Das letzte Mal im Herbst 1954.
Als ich entlassen werden sollte,
hatte ich plötzlich entsetzliche Bauchschmerzen.
Ich hörte den Arzt wie von ganz weit weg sagen:

„Schwere Bauchfell-Entzündung.
Bereiten Sie alles für eine Notoperation vor!"

Es ist noch einmal gut gegangen.
Mal wieder.
Wie oft meint es das Schicksal noch gut mit mir?
Eigentlich ist alles wunderbar.
Jacques hat Erfolg auf der Bühne.
Und ich auch.
Eine Million Schallplatten von mir
sind verkauft worden!
Alle verehren mich.
Die kleinen Leute genauso wie die großen Stars.
Nur ich selbst. Ich bin ruhelos.
Ich bin auf einer ewigen Suche nach …
…nach Liebe und Glück.
Und das Glück, ist das ein Rausch?

Ich nehme zu viele Tabletten.
Ich spüle sie mit Rotwein runter.
Und wieder habe ich neue Liebhaber.

Jacques kann nicht mehr.
Nach vier Jahren Ehe will er,
dass wir in Frieden auseinandergehen.
Er liebt mich noch.
Aber er hat keine Kraft mehr.
Wir lassen uns scheiden.

Der Spiegel

„Edith", ruft meine Sekretärin Danielle.
„Ein junger Mann möchte bei dir vorsingen."
Ich grinse.
„Das wollen sie doch alle.
Na, lass ihn ruhig rein.
Wie heißt er denn?"
„Georges Moustaki."
„Kenne ich nicht", sage ich.

Hübsch ist der Junge, mit seinen dunklen Augen.
18 Jahre jünger ist er als ich.
Verlegen steht er mit seiner Gitarre vor mir.
„Ich möchte gerne ein richtiger Sänger werden,
Madame Piaf. Ein berühmter Sänger."
„Na, dann legen Sie mal los, Monsieur Moustaki!"

Vor lauter Aufregung singt er falsche Töne.
Aber als er ruhiger wird,
singt er gar nicht so schlecht.
„Haben Sie die Lieder selber geschrieben?",
frage ich.
Er nickt.
„Gut", sage ich.
„Ich werde Ihnen alles beibringen,
was Sie für die Bühne brauchen.
Dafür schreiben Sie mir Lieder.

Außerdem sagen wir *du* zueinander.“
Moustaki strahlt über das ganze Gesicht.

Und natürlich lande ich wieder
in einer Liebesaffäre.
Georges schreibt wunderbare Lieder für mich.
Seine Bühnenauftritte werden immer besser.
Aber Georges leidet schon nach einem Jahr
unter mir.

„Du hast so ein schönes Lachen“, sagt er.
„Du bist immer fröhlich.
Aber in Wirklichkeit bist du einsam, Edith.“
„Ich und einsam?“ sage ich empört.
„Nenne mir eine Frau,
die so viele Bewunderer hat wie ich.“
„Trotzdem bist du einsam“, sagt Georges.
Er hält mir den Spiegel der Wahrheit vor:
„Du trinkst von morgens bis abends.
Du nimmst Drogen.
Nur damit schaffst du noch deine Auftritte.
Deine sogenannten Freunde stehlen dir
deine Sachen.
Sie leihen sich von dir Geld
und geben es nie zurück.“

„Schweig!“, befehle ich ihm.
„Das ist *mein* Leben!“

„Das ist *kein* Leben, Edith!
Du hast eine Affäre nach der anderen.
Du quälst die, die dich lieben.
Du feierst eine Party nach der anderen.
Du wirfst dein Geld zum Fenster hinaus."

„Was willst du denn?", frage ich ihn wütend.
„Willst du mir den Spaß am Leben verderben?"
„Spaß?", fragt er.
„Dein Spaß ist der von einem tragischen Clown.
Du trägst seine Maske, Edith."
„Ich liebe Clowns", sage ich trotzig.
Georges sieht mich böse an.
Er verabscheut mein Leben.
„Du bist krank, Edith.
Aber du willst es nicht wahrhaben."

Wieder einmal komme ich ins Krankenhaus.
Diesmal war es ein Unfall mit Georges.
Wieder bekomme ich Medikamente.
Ich hasse Schmerzen.
Vorsichtshalber nehme ich die doppelte Dosis ein.

Not-Operation

Ein Jahr nach unserem Autounfall
gebe ich ein Konzert.
Im Hotel *Waldorf Astoria* in Manhattan.
Es ist der 20. September 1959.

Mein Auftritt ist grandios.
Aber irgendetwas stimmt nicht.
Mein Bauch.
Irgendwas ist mit meinem Bauch.
Mir ist furchtbar übel.
Ich lehne mich gegen das Klavier.
Heimlich halte ich mich daran fest.
Die Schmerzen werden unerträglich.
Eine Zugabe noch.
Vielleicht schaffe ich auch noch eine.

Hinter dem Vorhang sehen sie mich besorgt an.
„Geh nicht wieder raus!", sagen sie zu mir.
„Lasst mich!", sage ich atemlos.

Mir wird immer übler.
Aber ich verbeuge mich noch einmal
vor dem Publikum.
Ich greife in den Vorhang.
Das Publikum klatscht.
Es ruft: „Piaf! Piaf! Piaf!"

Hinter dem Vorhang breche ich zusammen.
Sie bringen mich ins Krankenhaus.
Wieder eine Not-Operation.

Als ich aus der Narkose aufwache,
sehen mich alle besorgt an.
„Was ist los?", frage ich.
„Habe ich nicht gut genug gesungen?"
Der Arzt schweigt.
Es sind sogar mehrere Ärzte.
Nur mir zu Ehren.

„Madame Piaf, Ihr Zustand ist sehr ernst."
Ich lache ein wenig.
„Ja, mein Zustand war schon immer sehr ernst.
Seitdem ich auf der Welt bin, ist das so.
Was gibt es Neues dazu?"

Die Ärzte sehen sich an.
„Sie hatten einen Magen-Durchbruch.
Das bedeutet,
dass die Magenwand durchlöchert war.
Wahrscheinlich als Folge
von Magen-Geschwüren."
„Ist denn alles wieder zu?", frage ich.
„Und wie lange muss ich hierbleiben?
Wissen Sie, ich habe Verträge.
Ich will so schnell wie möglich wieder singen."

Die Ärzte sehen sich noch ernster an.
„Bei den Untersuchungen haben wir
Auffälligkeiten entdeckt.
Ihre Blutwerte sind auch nicht in Ordnung.
Wir müssen noch weitere Untersuchungen
vornehmen, Madame Piaf."

Sie verraten mir nicht, was *Auffälligkeiten* sind.
Es muss aber irgendetwas mit der Leber sein.
Das haben sie noch erwähnt.
Ich bin beruhigt.
An der Leber hatte ich schon immer was.

Im Krankenhaus lässt mir Georges Moustaki
mitteilen, dass er nicht mehr
mit mir zusammen sein will.
Schade!
Ich mochte dieses Scheusal eigentlich.
Gute Musik hat er auch geschrieben.

Im Krankenhaus denke ich
über meine Männer nach.
Ich habe fast alles in meiner Sammlung:
Boxer, Radrennfahrer, Schauspieler, Sänger.
Kunsthändler, Maler, Journalisten, Dichter.

Ihre Namen spielen keine Rolle.
Ich werfe sie sowieso durcheinander.

Mein Kopf wird immer mehr
zu einer unaufgeräumten Kiste.
Ich überschütte meine Männer mit Geschenken.
Ich kaufe ihnen Anzüge, Armbanduhren,
teure Schuhe oder ein Auto.
Und für jeden stricke ich einen Pullover.
Leider zieht ihn keiner an.

Aber ich muss mich immer wieder neu verlieben.
Der Anfang und das Ende sind am besten.
Daraus entstehen richtig dramatische Lieder.

Die Mitteilung

Ich höre Loulou mit dem Arzt sprechen:
„Edith gönnt sich keine Ruhe.
Sie singt für ihr Leben gern.
Aber sie braucht auch das Geld.
Sie hat unglaubliche Schulden.
Sie verschenkt ihr Geld an arme Schlucker,
an ihre Liebhaber, an den ganzen Haufen Leute
um sie herum.
Sie unterstützt Obdachlose.
Sie gibt ihr Geld an arme, alte Mütterchen.
Und wenn sie kein Geld mehr hat,
dann verkauft sie ihre teuren Handtaschen.
Nur, damit die Bühnenarbeiter
auch ihren Lohn bekommen.“

„Sie wird damit aufhören müssen“, sagt der Arzt.
„Mit den Konzerten und mit allem.
Madame Piaf ist sehr krank
Das Rheuma hat ihre Gelenke angegriffen.
Sie wird bald nicht mehr stehen und gehen können.
Die vielen Medikamente haben
Magen und Darm zerstört.
Und dann noch die Aufputschmittel,
die Beruhigungsmittel, die Schlaftabletten ...“
„Ja,“ sagt Loulou.
„Sie vergisst auch immer öfter ihre Texte auf der Bühne.

Ihr wird häufig schwindelig.
Auf der letzten Tournee mussten wir sie wieder
von der Bühne tragen."

Der Arzt bekommt eine sehr ernste Stimme.
„Ich muss es Ihnen ganz klar sagen,
Monsieur Barrier.
Es ist aus für Madame Piaf.
Wir haben unsere Untersuchungen abgeschlossen.
Wir werden ihr eine schlimme Mitteilung
machen müssen.
Madame Piaf hat Leberkrebs."

„Und?", flüstert Loulou.
„Der Krebs ist nicht mehr heilbar", sagt der Arzt.
Loulou scheint zu weinen.
Ich höre es an seiner Stimme, als er sagt:
„Aber Edith ist nicht einmal 45 Jahre alt."

Sollte ich wirklich nie wieder auftreten können?
Dann sage ich mir:
„Die haben mich schon oft totgesagt.
Jetzt erst mal schlafen und dann weitersehen."

Immer versuche ich,
wieder auf die Beine zu kommen.
Nach meiner Entlassung telefoniere ich
mit meinem Freund Jean Cocteau.

„Meine Leber ist hin", sage ich ihm am Telefon.
„Ich habe Krebs.
Stell dir das mal vor, Jean.
Sie haben mich mal wieder operiert.
Aber diesmal haben sie mich
schnell wieder zugemacht.
Beim nächsten Mal gibt es nichts mehr
zu operieren."

Jean ist schockiert.
Aber er tröstet mich mit seinen schönen Worten.
„Deine Kunst wird nie untergehen, Edith.
Das Feuer deines Herzens wird nie verlöschen.
Es brennt in jedem, der deine Musik hört.
Glaube an dich, Edith!"

„Das tue ich, Jean.
Ich werde jetzt sogar eine Heilige.
Ich befolge die Diät meiner Ärzte.
Ich mache Übungen.
Damit ich wieder auf die Beine komme.
Ich rühre keinen Tropfen Alkohol mehr an.
Und ich habe zurzeit nicht mal einen Mann.
Kannst du dir das vorstellen, Jean?"

Nach einer Weile verabschieden wir uns.
Ich lege auf.

29. Dezember 1960

Marguerite Monnot kommt rein.
„Zwei junge Männer wollen dich sprechen, Edith."
Sie lächelt.
„Sie haben dir angeblich was mitgebracht.
Charles Dumont heißt der eine,
Michel Vaucare der andere."
Müde sage ich:
„Lass sie herein, Marguerite."

In der nächsten halben Stunde
wird plötzlich alles anders.
Wie ein Blitz geht es durch meinen Körper.
Die beiden haben mir ein neues Lied mitgebracht.
Und dieses Lied holt mich sofort von meinem Sofa.

Sie spielen auf dem Klavier
und singen dazu den Text.
In wenigen Minuten kann ich den Text auswendig.
„Noch einmal die Klavierbegleitung!", befehle ich.
Ich singe das Lied.
Und als ich es singe,
bekomme ich eine Gänsehaut.

„Loulou!", schreie ich ins Telefon.
„Ruf sofort den Direktor vom *Olympia* an!
Sofort, Loulou!

Ich werde dort auftreten.
Mit meinem neuen Lied."
„Aber Edith …", sagt Loulou verzweifelt.
Da habe ich schon aufgelegt.

Meine Haare sind dünn geworden.
Sie kleben an meinem Gesicht.
Meine Haut ist bleich wie Wachs.
Mein Rücken ist krumm.
Es ist der 29. Dezember 1960.
Vor zehn Tagen bin ich 45 Jahre alt geworden.
Aber ich sehe dreißig Jahre älter aus.
Unter meinen Augen sind dunkle Ränder.
Doch als ich auf der Bühne stehe,
leuchtet es in mir.

Alle Plätze im *Olympia* sind besetzt.
2000 Menschen sind im Saal.
Das Orchester beginnt leise zu spielen.
Und ich beginne zu singen.

Ich singe das neue Lied:
Nein, ich bereue nichts.
Mein ganzes Leben zieht in diesem Lied
an mir vorbei.
Das Gute, das man mir tat.
Das Schlechte, das ich erlebte.
Kummer und Freuden.

Ich brauche sie nicht mehr.
Weg mit den Liebschaften!
Weg damit für immer!
Ich schere mich nicht mehr um die Vergangenheit.
Ich habe mit allem abgeschlossen.

Ich singe den Refrain:
Nein, ich bereue nichts.
Und ich ende mit dem Satz:
Denn mein Leben,
mein Glück
beginnt heute neu
mit dir!

Ich könnte sterben.
So wunderbar ist der Applaus nach dem Konzert.
Eine halbe Stunde stehen die Menschen da
und klatschen.
Ich soll noch einmal das neue Lied singen.
Das Lied, das für mich und für alle so befreiend ist.
Zwanzig Mal geht der Vorhang für mich auf und zu.
„Der Stern strahlt wieder",
ruft der Direktor des *Olympia*.

Die Piaf ist wieder auferstanden!,
schreiben sie in den Zeitungen.
Die Göttin des Chanson ist zurück!

Théo

Das Karussel meines Lebens
fährt immer gleiche Runden:
Konzerte – Einweisung ins Krankenhaus – Konzerte.
Die Abstände dazwischen werden immer kürzer.
Ich werde immer ungeduldiger.
Wie viel Zeit bleibt mir noch zum Leben?
Wie viel Zeit zum Singen?
Wie viel Zeit zum Lieben?

Ich trinke nicht mehr.
Keinen Tropfen Alkohol!
Ich esse streng nach Diät.
Ich will nicht jämmerlich verrecken.
Ich bete.
Wie ein kleines Mädchen glaube ich an den Himmel.

Mein Gott, gib mir noch etwas Zeit!
Ich möchte noch so viel lernen.
Ich will mein Leben ordnen.
Ich will den Sinn des Lebens ergründen.
Ich sehe auf den Kalender.
Es ist das Jahr 1962.
Wird es mein letztes Jahr sein?

Zum Glück lerne ich wieder stehen und gehen.
Zum Glück kümmert sich seit einiger Zeit

Claude Figus um mich.
Er ist mein neuer Sekretär.
Zwischen uns ist keine Liebelei.
Er mag lieber Männer.

Figus wünscht sich,
dass ich aus ihm einen guten Sänger mache.
Ich gebe mein Bestes.
Dafür bringt Figus mir eines Tages
einen Mann ins Haus.
Und was für einen: riesig groß, jung,
schwarze Haare und schwarze Augen.
Augen wie tiefe, dunkle Vulkane.
Seine Eltern sind Griechen.
Sie haben ein Friseurgeschäft bei Paris.
Er arbeitet in dem Laden.
Sein Name: Theophánis Lamboukas.
Auf Anhieb verliebe ich mich in ihn.
Diesmal weiß ich: Es wird das letzte Mal sein.

In den Zeitungen haben sie mich
wieder einmal totgesagt.
Sie brauchen Skandale.
Liegt die Piaf auf dem Sterbebett?,
haben sie geschrieben.
Das schreiben sie jedes Mal,
wenn ich ins Krankenhaus muss.
Oder wenn ein Arzt zu mir kommt.

Mit Théo kommt meine Lebenslust zurück.
Ich helfe ihm, ein guter Sänger zu werden.
Ich gebe ihm einen Künstlernamen: Théo Sarapo!

Nach einer Weile treten wir zusammen
auf der Bühne auf.
Er singt ganz gut, mein Théo.
Auch, wenn sie in den Zeitungen davon
nicht ganz überzeugt sind.
Am liebsten hätten sie wieder einen neuen Skandal.
Irgendwas mit Théo und mir.
Das hat mir ein Journalist gesagt.
Nun gut. Das können sie haben.
Ich reibe mir schon die Hände.
Mein Plan wird einschlagen wie eine Bombe.

Am 24. Juli 1962 stehe ich mit Théo
wieder einmal auf der Bühne.
Plötzlich greife ich zum Mikrofon:
„Sehr verehrtes Publikum, liebe Gäste!
Ich habe große Neuigkeiten.
Ich habe mich verlobt.
Und mein Verlobter heißt: Théo Sarapo!
Ja, wir werden heiraten.
Noch in diesem Jahr!“

Mama

Sogar meine Freunde fallen aus allen Wolken.
Und erst recht die Leute von den Zeitungen.
Tausende von Fragen werden uns gestellt:

„Du willst ihn wirklich heiraten, Edith?
Er ist doch 20 Jahre jünger als du."
„Gibt es ein Höchstalter für die Liebe?",
frage ich zurück.

„Was machen Sie, Herr Sarapo,
wenn sich Ihre Frau ein Kind wünscht?"
„Dann bekommt sie ein Kind",
sagt Théo zu den Zeitungsleuten.

„Wollen Sie wirklich einen Frisör heiraten,
Madame Piaf?"
„Oh, ja", sage ich.
„Alle Zeitungen beklagen immer
meine schlechte Frisur.
Das wird ab sofort anders."

„Herr Sarapo, Sie heiraten eine sehr kranke Frau.
Ist das nicht sehr schwer für Sie?"
„Dies hier ist Edith Piaf", sagt Théo.
Diese Frau werde ich heiraten.
Mit allem, was sie ist."

Ich bin furchtbar aufgeregt wegen der Hochzeit.
Vor allem, als mich Théo seinen Eltern
und seinen beiden Schwestern vorstellt.
Ich sehe von allen Anwesenden am ältesten aus.

Aber meine Sorge ist umsonst.
Alle sind sehr herzlich zu mir.
Sie freuen sich auf unsere Heirat.
Plötzlich nimmt mich Théos Mutter
in den Arm und sagt:
„Sag Mama zu mir, Edith!"
In dem Moment kommen mir die Tränen.
Mit Théo habe ich
meine erste richtige Familie gefunden.

Am 9. Oktober 1962 ist es so weit.
Die Kirche in Paris platzt aus allen Nähten.
Alle wollen bei unserer Hochzeit dabei sein.
Ich höre, wie jemand sagt:
„Die Piaf sieht so aus,
als wäre sie sich doch nicht sicher."
Ja, bis zuletzt zweifle ich tatsächlich:
Tauge ich überhaupt für eine Ehe?
Ich weiß nicht, wie man aufräumt.
Ich weiß nicht, wie man
eine Wohnung schön einrichtet.
Ich weiß nicht, wie ein ganz normaler Alltag geht.
Ich habe das alles nicht gelernt.

Loulou ist mein <u>Trauzeuge</u>.

Mein guter, treuer Manager.

Théos Trauzeuge ist Figus.

Ohne ihn hätte ich Théo nie kennengelernt.

„Wollen Sie, Madame Piaf, diesen Mann heiraten?"

Jetzt überlege ich nicht mehr.

Ich strahle über das ganze Gesicht und sage:

„Ja, ich will!"

Schlussvorstellung

Die Konzerte mit Théo sind wunderbar.
Das *Olympia* ist für alle unsere Auftritte ausgebucht.
Die Zuschauer lieben es,
uns beide auf der Bühne zu sehen.
Aber meine Stimme versagt immer öfter.
Mein Körper verliert seine Kräfte.
Ich kann es vor Théo nicht mehr verstecken.

Théo schenkt mir einen kleinen, schwarzen Pudel.
Wir nennen ihn *Sophie*.
Werde ich das Hündchen heranwachsen sehen?
Wie viel Zeit bleibt mir noch?

Es geht auf und ab.
Auf der Bühne bin ich meistens noch stark.
Aber hinter dem Vorhang wartet schon
der Arzt auf mich.

Von weit her höre ich Stimmen:
„Sie wird wach", sagt jemand.
Um mich herum piept und rasselt es.
Herzschlag-Geräusche …
Irgendwas liegt auf meinem Gesicht.
An meinen Armen hängen Plastikschläuche.
„Sie wacht aus dem Koma auf",
sagt die Stimme.

„Deine Leber hat nicht mehr mitgespielt", sagt Théo.
„Du bist auf der Bühne zusammengebrochen.
Es ging um Leben und Tod, Edith."
Er streichelt meine Wange.
„Jetzt musst du dich erst einmal
ganz lange erholen."

Wir mieten ein Haus im Süden, am Meer.
Dreißig Zimmer hat es und einen Pool.
„Die Ruhe wird dir guttun", sagt Théo.

Aber aus der Ruhe wird nichts.
Ein Freund nach dem anderen trudelt bei uns ein.
Ich freue mich, dass endlich wieder Leben
um mich herum ist.
Die Freunde amüsieren sich im Pool.
Und jeden Abend gibt es Essen im Überfluss.
Genau das wird mir zum Verhängnis.

Stille

Ich habe viel zu fett gegessen.
„Das hätten Sie nicht machen dürfen",
sagt der Arzt.
Sie haben mich wieder aus einem Koma geholt.
„Noch einmal werden Sie das nicht überleben",
sagt der Arzt.

„Ich will noch nicht sterben, Théo."
Er steht an meinem Bett und hält meine Hand.
„Verscheuch alle Freunde!", sage ich.
„Ich will sie nicht mehr sehen."
„Wir müssen ohnehin
in ein kleineres Haus umziehen", sagt er.
„Wir haben nicht mehr genug Geld."

Ich wiege noch 30 Kilo.
Ich lasse nur noch meine besten Freunde
zu mir kommen.
Und natürlich auch Loulou.
Meinen lieben, treuen Manager.
Er verliert kein Wort über neue Konzert-Reisen.
Er spricht nicht über neue Verträge oder Auftritte.
Ich bin zu müde, um danach zu fragen.

Der gute Jean Cocteau ruft regelmäßig an.
Der Arme. Er hatte einen Herzinfarkt.

Wir beide sind <u>dem Teufel</u> noch einmal
<u>von der Schippe gesprungen</u>.

Die Meeresluft wird auf die Dauer
zu anstrengend für mich.
Wir ziehen noch einmal um.
In das kleine Bergdorf Placassier.
Wir bewohnen dort ein winziges Landhaus.
Meine Welt wird immer kleiner.
Und immer stiller.

Théo muss oft nach Paris.
Er hat eine Rolle in einem Film bekommen.
Ich bin froh darüber.
Mit Théo soll es gut weitergehen,
wenn ich einmal nicht mehr bin.
Was wird nur aus Théo,
wenn ich im Blau des Himmels vergehen werde?

Ich habe eine Pflegerin.
Sie heißt Simone.
Wir unterhalten uns auch
über das Sterben und den Tod.
„Wenn ich eine Zeit lang tot war", sage ich.
„Dann komme ich sowieso wieder
zurück auf die Erde."
„Glaubst du, dass man nach dem Tod
wieder aufersteht?", fragt Simone.

„Natürlich", sage ich.
„Jeder Mensch hat ganz viele Leben.
Das weiß ich genau.
Aber dieses Leben hätte ich gerne
noch länger gehabt.
Weißt du, Simone, ich habe viele Fehler gemacht.
Ich habe Menschen unglücklich gemacht.
Ich habe meine Gesundheit ruiniert.
Ich habe falsche Freunde durchgefüttert.
Ich habe so vieles falsch gemacht, Simone."

„Ja", sagt Simone.
„Du kannst das alles bereuen.
Aber mit deiner Musik hast du doch alles
wiedergutgemacht.
Mit deiner Musik hast du Wunden geheilt.
Die von anderen Menschen und die von dir."

Ich nehme ihre Hand
zwischen meine krummen Finger.
„Danke, Simone. Danke!"

Vorbei?

Théo ist wieder einmal in Paris.
Simone kümmert sich um mich.
Und mein treuer Akkordeonspieler
und meine treue Sekretärin sind auch bei mir:
Marc Bonell und seine Frau Danielle leben
mit uns im Landhaus.

Heute Nachmittag sind alle unterwegs.
Ich bin für eine Weile allein im Haus.
Vorsichtig steige ich aus dem Bett.
Ich schleppe mich zum Plattenspieler.
Ich lege eine Platte von mir auf.
Ich höre mich singen.
Ah! Dieses wunderbare Stück *Hymne an die Liebe*.
Dann das Lied *Mon Dieu*.
Ich bitte Gott darin um mehr Zeit
für mich und meinen Liebsten:
Gib uns noch ein Jahr, einen Monat, einen Tag ...

Beim letzten Stück der Platte will ich mitsingen.
Nein, ich bereue nichts ...
Ich bringe keinen Ton heraus.
Ich kann nicht einmal mehr krächzen.
Meine Stimme ist tot.
Die Musik ist abgelaufen.
In diesem Moment wird mir klar:

Ich werde nie wieder auf einer Bühne stehen.
Es ist Oktober.
Oktober 1963.
Weinend sinke ich in meinem Sessel zusammen.

Ein paar Tage später kommt Danielle
in mein Zimmer.
„Besuch für dich, Edith.
„Ich konnte sie nicht abwimmeln."

Müde schlage ich meine Augen auf.
In der Tür steht Momone.
Momone mit ihrer Tochter *Edith*.
Momone hat sie nach mir benannt.

Ich bin zu erschöpft.
Ich verstehe nicht, was sie sagen.
„Geht bitte!", sage ich.
Und dann flüstere ich noch: „Adieu!"

10. Oktober 1963

Vor ein paar Tagen habe ich mich
von Loulou und Théo verabschiedet.
Die beiden haben wieder in Paris zu tun.

Wenn es doch nicht so kalt wäre.
Ich zittere am ganzen Körper.
„Weißt du", sage ich zu Danielle,
„wir haben noch so viele schöne Reisen vor uns."
Danielle sieht mich erstaunt und besorgt an.

In der Nacht entdeckt meine Pflegerin Simone
den großen Fleck.
Ich bekomme es kaum noch mit.
Simone ruft nach Danielle:
„Schnell, einen Arzt!", sagt sie.
„Alles ist voll Blut.
Edith braucht dringend einen Arzt.
Im Bauch ist irgendwas geplatzt.
Eine große Ader wahrscheinlich."
Dann sagt sie noch leise:
„Und ruf auch einen Priester!"

Sie rufen Théo in Paris an.
Sie erreichen ihn nicht.
Erst mittags.
Sie rufen auch Loulou an.

Jetzt müssen die beiden extra wegen mir
hierherfliegen.

„Die nächste Maschine geht erst um 15 Uhr",
sagt Danielle zu Simone.
Paris, denke ich.
Ich wollte immer am liebsten in Paris sterben.
Auf einer Bühne.
Mitten im Lied zusammenbrechen.
Und nie wieder aufstehen.

Plötzlich setze ich mich im Bett aufrecht hin.
Ich starre in die Ferne.
Als könnte ich dort Paris sehen.
Da! Da ist er!
Der blaue Himmel von Paris!
Ich bin endlich angekommen!

Danielle soll einen Krankenwagen holen.
Wozu das denn?
Ich bin doch schon gestorben.
Heute Mittag, um 13 Uhr.
Ich bin mausetot.
Was wollen sie noch mit einem Krankenwagen?

Théo und Loulou stehen traurig an meinem Bett.
Ach, Loulou, du wirst eine neue Sängerin finden.
Und du, Théo, du wirst dich neu verlieben.

Tut mir nur einen Gefallen:
Vergesst mich nicht!

Danielle hat mir einen Hausmantel angezogen.
Wozu zieht sie mir einen Hausmantel an?
„Edith ist fertig", sagt sie zu Théo.
„Der Krankenwagen steht am Hintereingang",
sagt Loulou.
Was haben sie nur mit mir vor?

Sie tragen mich zu dem Krankenwagen.
Sie setzen mich aufrecht zwischen Théo und Simone.
Sie müssen mich dabei ganz schön verbiegen.
Zum Glück tun meine Knochen nicht mehr weh.

Die Journalisten dürfen nichts merken", sagt Théo.
„Es muss so aussehen,
als ob wir Edith ins Krankenhaus bringen.
Die Fotografen werden kaum etwas sehen können.
Die Scheiben sind verdunkelt.
Auf keinen Fall soll in den Zeitungen stehen:
Die Piaf – jämmerlich in einem Bergdorf gestorben.
Edith wollte immer in Paris sterben.
Und sie wollte dort auch beerdigt werden.
Zusammen mit ihrer kleinen Tochter.
Und mit ihrem Vater.
Das war Ediths letzter Wunsch.
Ich werde ihn erfüllen."

Die letzte Show – Adieu!

Das ist genau nach meinem Geschmack!
Théo, du bist wunderbar!
Tausend Kilometer rasen sie mit mir
durch ganz Frankreich.
„Loulou und die Bonels räumen noch das Haus auf",
sagt Simone.
„Sie kommen mit dem Flugzeug nach."

Meine Wohnung in Paris!
Wir sind angekommen.
Im Dunkel des frühen Morgens
tragen sie mich ins Haus.
Sie legen mich in mein Bett.
Sie haben schon Dr. Bernay angerufen, meinen Arzt.

„Der Arzt wird den Totenschein ausstellen",
sagt Théo.
Er sieht sehr erschöpft aus, mein armer Kleiner.
Ich will nicht,
dass er diesen ganzen Ärger mit mir hat.
Aber ich habe hier nichts mehr zu sagen.
Und Théo macht es genau so,
wie ich es mir gewünscht hätte.

Edith Piaf.
Gestorben am 11. Oktober 1963.

Uhrzeit: 7 Uhr morgens.
Ort: Paris.

So steht es jetzt im Totenschein.
Was für eine Show!
Eine wunderbare letzte Show!

Mein Tod spricht sich schneller herum,
als ein Feuer brennen kann.
Ein letztes Mal machen sie mich hübsch.
Sie ziehen mir mein schwarzes Bühnenkleid an.
Théo schminkt mich und macht mir die Haare.
So schön liege ich da, in meinem offenen Sarg.
In der Bibliothek meiner Wohnung
haben sie mich aufgebahrt.
Mein Publikum kann kommen.
Vorhang auf!
Hereinspaziert!

Es kommen Tausende.
Jeder will Abschied nehmen.
Jeder auf seine Weise:
Weinend. Jammernd.
Schreiend. Schweigend.
Manche klauen auch Sachen aus meiner Wohnung.
Erinnerungsstücke.
Lass sie nur machen, Théo!
Sie haben mich doch immer beklaut.

Noch turbulenter geht es bei meiner Beerdigung zu.
Am 14. Oktober 1963 fahren sie
meinen Sarg durch Paris.
Meine letzte Stadt-Rundfahrt.
Überall hier habe ich gesungen:
Am Triumphbogen.
Auf dem Eiffelturm.
Im *Le Gerny's*.
Im *Moulin Rouge*.
Im *Olympia*.
In Pigalle und in all den Bars.
Ja, trinkt auf mich! Santé!

Wir fahren durch Belleville.
Mein Belleville.
Hier bin ich geboren.
Die Menschen am Straßenrand weinen.
Die Marktfrauen, die Arbeiter,
die Obdachlosen, die Huren.

Nach Stunden kommen wir auf dem Friedhof an.
Der Verkehr in Paris ist komplett
zusammengebrochen.
40.000 Menschen sind mein Publikum!
Wie sie ihre Hälse recken.
Wie sie weinen und toben.
Wie sie auf anderen Gräbern herumtrampeln.
Nur, um meinen Sarg zu sehen.

Sie schubsen und treten sich.
Einige brechen zusammen.
Was für ein Schauspiel!
Einer stürzt in mein Grab.
Sie holen ihn wieder raus.
Das ist ja der Direktor vom *Olympia*!
Zum Glück ist ihm nichts passiert.
Alle Weggefährten sind gekommen.

Nur einer konnte nicht kommen:
Mein geliebter Jean Cocteau.
Jean ist heute Morgen gestorben.
Ich ahne schon,
was morgen in den Zeitungen steht:
Piaf und Cocteau – Brautpaar des Todes.
Weltstars sterben am selben Tag!

Ich denke an den gefälschten Totenschein.
Herrlich! So was gefällt mir.
Gleich werde ich mich hier oben
auf die Suche nach Jean machen.
Dann können wir uns zusammen amüsieren.

Plötzlich teilen sich die Massen da unten
vor den Toren des Friedhofs.
Marlene ist gekommen.
Marlene Dietrich.
Meine liebe, liebste Freundin.

Schade, ich habe das Kettchen verloren, Marlene.
Das goldene Kreuz, das du mir geschenkt hattest.
Das mit den glänzenden Smaragden.
Ich habe es nie abgelegt.
Aber plötzlich war es weg.
Wahrscheinlich hat es irgendeiner geklaut.
Vor langer Zeit.
An irgendeinem Ort.

Hier oben im unendlichen Blau
spielen Zeit und Raum keine Rolle.
Wie in meinen Liedern.
In ihnen konnte ich überall sein:
Im Krieg. In einer Hafenkneipe.
In einem Freudenhaus.
In einer Kirche.
Oder, wie jetzt:
Im Himmel der Unendlichkeit.

Jetzt kann ich zur Ruhe kommen.
Ich bin weit weg von den Menschen da unten.
Sie werden weiter nach der Wahrheit suchen.
Aber es gibt keine Wahrheit über mich.
Es gibt nur eins:
Meine Lieder und die ewige, große Liebe.

Adieu!

Über Edith Piaf

Edith Piaf wird als Edith Gassion
am 19. Dezember 1915 in Paris geboren.
Sie wächst in großer Armut auf.
Mit ihrem Vater tritt sie als Sängerin
in einem Wanderzirkus auf.

Mit 15 Jahren verlässt Edith ihren alkoholkranken
Vater und schlägt sich mit ihrer Freundin Momone
als Straßensängerin durch.

Louis Leplée entdeckt und fördert Edith.
Er ist der Besitzer
des edlen Pariser Musik-Clubs *Le Gerny's*.
Leplée gibt ihr den Künstlernamen
La Môme Piaf: *Der kleine Spatz*.
Durch Raymond Asso wird sie
zu einer professionellen Bühnenkünstlerin.
Von ihm bekommt sie den neuen Künstlernamen:
Edith Piaf.
Von nun an feiert die Piaf
in Europa und Amerika Welterfolge.

Das Leben der Piaf ist
von schweren Schicksals-Schlägen gezeichnet.
Ihre Tochter Marcelle stirbt mit nur zwei Jahren.
Ihr Entdecker Louis Leplée wird ermordet.

Edith Piaf 1950

Ihre große Liebe Marcel Cerdan stirbt
bei einem Flugzeugabsturz.
In der Folge leidet sie an schmerzhaftem Rheuma.
Piaf sucht Trost in Alkohol, Drogen und Männern.
Piafs erster Ehemann, Jacques Pills,

reicht nach vier Jahren die Scheidung ein.

Doch immer wieder kämpft sie sich aus Krisen,
Zusammenbrüchen und Schulden heraus.
Freiwillig begibt sie sich in Entziehungs-Kuren.
Obwohl sie mit nur vier Jahren Schule
große Probleme im Schreiben hat,
wird sie 1944 offiziell als Text-Schreiberin
für Chansons anerkannt.
Sie schreibt über 80 eigene Chanson-Texte.

Ihr väterlicher Freund Jacques Bourgeat und die
Piaf schreiben sich 25 Jahre lang rund 100 Briefe.
Piaf kümmert sich um arme
und vom Leben benachteiligte Menschen.
Sie verhilft zahlreichen Sängern zu großem Erfolg.
Piafs Lieder werden
auf unzähligen Platten verewigt.

Von Krankheit gezeichnet stirbt Edith Piaf
am 10. Oktober 1963 im Alter von 47 Jahren
in Placassier in Südfrankreich.
Sie ist beigesetzt auf dem Pariser Friedhof
Père Lachaise in einer Grabstätte
zusammen mit ihrem Vater, mit ihrer Tochter
und ihrem letzten Ehemann, Théo Sarapo.

Wörterliste

Seite 8: Gosse
Rinne zwischen Bürgersteig und Straße

Seite 8: Belleville
Stadtteil im Norden von Paris

Seite 9: Rue
deutsch: Straße

Seite 9: Annetta Gassion (1895-1945)
geboren in Italien als Annetta Giovanna Maillard, Mutter von Edith Piaf

Seite 11: Louis Gassion (1881-1944)
Louis Alphonse Gassion, Vater von Edith

Seite 12: Krieg
hier: Erster Weltkrieg (1914-1918)

Seite 14: karg
sehr wenig

Seite 14: Aischa
Emma Saïd Ben Mohamed (1876-1930), marokkanisch-italienische Herkunft, Großmutter mütterlicherseits von Edith Piaf

Seite 17: lallen

undeutlich sprechen

Seite 18: apathisch

kraftlos; müde

Seite 19: Heimaturlaub

als Soldat für eine Urlaubspause vom Kampf
nach Hause fahren dürfen

Seite 19: Concièrge

französisch für Hauswärterin

Seite 21: Leontine Gassion

Léontine Louise Gassion (1860-1937),
geborene Descamps;
Großmutter väterlicherseits von Edith Piaf

Seite 22: Maman

französisch für: Mama

Seite 23: Bordell

Gebäude, in dem Sex für Geld angeboten wird

Seite 24: Fürsorge

öffentliche Einrichtung, die sich um minderjährige
oder hilflose Personen kümmert, vor allem um
vernachlässigte Kinder.

Seite 27: Lisieux
Wallfahrts-Ort in Nordfrankreich; Menschen fahren
dorthin, um zu beten.

Seite 27: Therese von Lisieux
Marie-Françoise-Thérèse Martin (1873-1897),
französische Ordensschwester,
1925 durch den Papst heilig gesprochen

Seite 27: Nonne
Frau, die in einer religiösen Gemeinschaft lebt;
meistens in einem Kloster

Seite 27: Wunder
überraschendes Ereignis, das nicht erklärbar ist

Seite 28: Hure
Frau, die Sex gegen Geld anbietet

Seite 29: Heiliger Bimbam!
Ach du je!

Seite 31: Sünde
Begriff aus der christlichen Kirche: Unrechtes tun;
Verbotenes tun

Seite 31: Manege
runder Raum für Vorstellungen in einem Zirkuszelt

Seite 31: rumtingeln

ohne festen Wohnsitz herumfahren

Seite 34: Göre

freches Mädchen

Seite 34: Herbert

Herbert Lucien Gassion (1918-1997)
Bruder von Edith Piaf

Seite 35: Tournee

vertraglich vereinbarte Konzertreise

Seite 35: Denise

Denise Brossard, geborene Gassion (geb. 1931),
Halbschwester von Edith Piaf

Seite 36: Momone

Simone Berteaut (1916-1975),
Freundin von Edith Piaf

Seite 36: Strich

Bereich oder Gegend in einer Stadt,
wo Personen mit dem Angebot von Sex Geld
verdienen

Seite 36: faseln

daherreden

Seite 36: Zuhälter

Person, die andere im Sexgewerbe für sich arbeiten lässt

Seite 36: Fusel

Alkohol; billiger Schnaps

Seite 37: rotzfrech

sehr frech

Seite 37: Polente

Polizei

Seite 38: Wache

Bürogebäude der Polizei

Seite 39: Er hat mich nackt gesehen

französisches Chanson: Il m'a vu nue

Seite 39: Refrain

Teil eines Liedes, der öfter wiederholt wird

Seite 40: Petit Louis

Louis Dupont, genannt P'tit Louis (1915-1965), Vater von Piafs Tochter Marcelle

Seite 40: mit jemandem gehen

eine Liebesbeziehung zu jemandem haben

Seite 40: sich in jemanden vergucken

sich in jemanden verlieben

Seite 41: Kaserne

Wohngebäude und Arbeitsgebäude für das Militär

Seite 41: berüchtigt

einen schlechten Ruf haben

Seite 41: Pigalle

Vergnügungsviertel im Norden von Paris

Seite 44: Legionär

Fuß-Soldat

Seite 44: Algerien

Frankreich erobert im 19. Jahrhundert das Land
Algerien in Nord-Afrika. Von 1954-1962 kämpfen die
Algerier für ihre Unabhängigkeit von Frankreich.

Seite 47: torkeln

aus dem Gleichgewicht sein; schwanken

Seite 47: voll

betrunken

Seite 47: tratschen

über andere reden

Seite 51: Hirnhaut-Entzündung
schwere Erkrankung des Gehirns

Seite 53: Franc
alte französische Geldwährung

Seite 55: weiche Knie haben
sich nicht wehren können,
ausgeliefert sein

Seite 55: schöne Augen machen
flirten; jemanden auf sich aufmerksam machen

Seite 55: anschaffen
hier: mit Sex Geld verdienen

Seite 57: Späher
Beobachter

Seite 58: anmachen
jemanden sexuell herausfordern

Seite 61: Streichel-Einheit
zärtliche Zuwendung

Seite 61: Boulevard
Prachtstraße,
sehr breite Straße

Seite 62: Akzent
eine bestimmte Art zu sprechen

Seite 63: Triumphbogen
National-Denkmal in Paris; historischer Torbogen

Seite 63: Nationalhymne
Erkennungslied eines Landes

Seite 64: Ruhm
Ehre; Erfolg

Seite 64: Louis Leplée (1883-1936)
Besitzer des Cabarets Le Gerny's in Paris;
entdeckt und fördert die Piaf als Sängerin;
gibt ihr den Künstlernamen
La Môme Piaf/ Der kleine Spatz von Paris.

Seite 65: Oh, là, là!
französischer Ausruf des Staunens oder der
Bewunderung

Seite 65: Champs-Élysées
Prachtstraße in Paris, die zum Triumphbogen führt

Seite 67: Gage
Lohn für Künstler wie Sänger,
Schauspieler, Artisten

Seite 70: Jacques Bourgeat (1888-1966)
Textschreiber, Denker und Historiker;
enger Vertrauter von Edith Piaf

Seite 71: Der Altkleider-Händler
Chanson von Jacques Bourgeat,
französisch: 'Chand d'habits

Seite 74: sturzbetrunken
sehr betrunken

Seite 75: blau
betrunken

Seite 75: Milieu
Gruppe in der Gesellschaft mit eigenen Regeln
und Verhaltensweisen

Seite 77: Alibi
Nachweis, wo man zu einer bestimmten Zeit
während eines Verbrechens gewesen ist

Seite 78: engagieren
jemandem einen Bühnen-Vertrag geben

Seite 79: Raymond Asso (1901-1968)
französischer Texter für Chansons, 1937-1939
Manager von Piaf, Liebesaffäre mit der Piaf

Seite 81: es funkt

hier: man fühlt sich zueinander hingezogen

Seite 82: nuscheln

undeutlich sprechen

Seite 83: Marguerite Monnot (1903-1961)

Pianistin, Komponistin und Textschreiberin; komponiert 20 Jahre lang Musik zu zahlreichen Chansons der Piaf

Seite 85: harte Schule

anspruchsvolles Training

Seite 86: Theater ABC

französisch: Théâtre l'ABC, berühmte Musikhalle in Paris in den Jahren 1935-1964

Seite 87: Ein junger Mann ...

französisches Chanson: Un jeune homme chantait

Seite 91: Gastspiel

Ein Künstler ist bei einem Theater nicht angestellt, sondern tritt als Gast-Künstler auf.

Seite 93: den Hintern versohlen

jemanden zur Strafe heftig auf den Po schlagen

Seite 93: Kriegsdienst
hier: im Zweiten Weltkrieg (1939-1945) kämpfen
müssen

Seite 94: Paul Meurisse (1912-1979)
französischer Schauspieler, Liebesaffäre mit Piaf

Seite 94: Gentleman
sehr höflicher und vornehmer Mann

Seite 94: Yves Montand (1921-1991)
Geburtsname: Ivo Livi,
französischer Sänger und Schauspieler,
Liebesaffäre mit Piaf

Seite 95: Fronturlaub
Urlaub vom Kriegseinsatz

Seite 96: Dédée
Andrée Bigard; Edith nennt sie Dédée.
Sekretärin und Freundin von Piaf 1940-1952.

Seite 99: Michel Emer (1906-1984)
geboren als Michel Rosenstein;
französischer Textschreiber, Pianist und Komponist

Seite 100: L'Accordéoniste
französisches Chanson; deutsch: Der Akkordeonspieler

Seite 100: Freudenmädchen
anderes Wort für Hure

Seite 102: Norbert Glanzberg (1910-2001)
österreichisch-deutscher Pianist,
Komponist und Text-Dichter,
Pianist in Piafs Orchester,
Liebesaffäre mit der Piaf

Seite 103: Henri
Henri Contet (1904-1998)
Journalist und Texter für Chansons,
Liebesaffäre mit Edith Piaf

Seite 103: Jean Cocteau (1889-1963)
französischer Schriftsteller, Maler,
Filmemacher und Schreiber von Theaterstücken;
enger Vertrauter und großer Verehrer der Piaf

Seite 104: sich rächen
mit einer Sache oder einer Person abrechnen

Seite 105: Morphium
schmerzlinderndes Medikament
bei sehr starken Schmerzen

Seite 106: Besserungsanstalt
heutiges Wort: Therapieeinrichtung

Seite 107: Machthaber
die Herrschenden, die vorherrschende Politik

Seite 108: Widerstand
hier: Personen und Gruppen, die im französischen Untergrund national-sozialistische Machthaber bekämpfen und verfolgte Menschen in Sicherheit bringen

Seite 110: Militär
Soldaten; Streitkräfte

Seite 111: Offizier
ranghoher Soldat, der Befehle erteilt

Seite 112: Moulin Rouge
Cabaret in Paris

Seite 114: Überdosis
mehr als die vorgeschriebene Menge eines Medikaments, zu große Menge von einer Droge

Seite 115: Compagnons de la Chanson
französischer Männerchor

Seite 115: Broadway
berühmtes Viertel in New York, bekannt für Theater und Shows

Seite 115: Premiere
erster Auftritt

Seite 117: Louis Barrier (1945-1963)
Manager und Berater der Piaf

Seite 117: Manager
macht Verträge für Künstler, plant Tourneen

Seite 117: versumpfen
kein Ende finden

Seite 120: erlesen
sehr ausgewählt; sehr kundig

Seite 122: La vie en rose
französisches Chanson
deutsch: Das Leben in Rosarot

Seite 124: Smaragd
kostbarer Edelstein

Seite 126: Marcel Cerdan (1916-1949)
Boxer; Weltmeister im Mittelgewicht 1948 und
1949, Liebesaffäre mit der Piaf

Seite 128: Casablanca
Hafenstadt im Westen von Marokko

Seite 128: New Jersey
Staat im Osten der Vereinigten Staaten von Amerika

Seite 132: Chérie
deutsch: Schatz; Liebling

Seite 133: Azoren
portugiesische Inselgruppe im Atlantischen Ozean

Seite 133: Marc Bonell (1912-2002)
Akkordeonist der Piaf,
enge Freundschaft mit Piaf

Seite 139: Hymne an die Liebe
Festlied auf die Liebe,
französisch: Hymne à l'amour

Seite140 : Der Zwischenstopp
französisches Chanson: Escale

Seite 144: Rheuma
Krankheit, bei der Knochen oder Gewebe dauerhaft
entzündet sind

Seite 146: Jean-Louis Jaubert (1920-2013)
französischer Musiker,
Leiter der *Compagnons de la Chanson*;
Liebesaffäre mit der Piaf

Seite 146: anbändeln
flirten, eine Liebesbeziehung anfangen

Seite 146: Charles Aznavour (1924-2018)
französischer Chanson-Sänger armenischer
Herkunft, gefördert durch die Piaf,
gemeinsame Auftritte;
ab 1951 Piafs Sekretär und Textdichter.

Seite 150: Jacques Pills (1906-1970)
Künstlername für René Ducos,
französischer Sänger und Schauspieler
verheiratet mit Edith Piaf 1952-1956

Seite 156: Wahnvorstellungen
Ereignisse, die nur in der Vorstellung
eines Menschen ablaufen

Seite 160: Bauchfell
Haut, die Magen und Darm umhüllt

Seite 161: Danielle
Danielle Bonell, langjährige und letzte Sekretärin
von Edith Piaf, Ehefrau des Akkordeonisten
Marc Bonell

Seite 161: Georges Moustaki (1934-2013)
französischer Liedersänger,

Gitarrist und Texter mit griechischen Wurzeln; Liebesbeziehung mit Piaf

Seite 171: Charles Dumont (geboren 1929)
französischer Komponist und Sänger

Seite 171: Michel Vaucare (1904-1980)
französischer Text-Dichter

Seite 172: Nein, ich bereue nichts
französisches Chanson: Non, je ne regrette rien

Seite 175: Claude Figus
Sekretär von Edith Piaf

Seite 175: Theophánis Lamboukas (1936-1970)
französischer Sänger und Schauspieler griechischer Herkunft, zweiter Ehemann der Piaf
Künstlername: Théo Sarapo

Seite 179: Trauzeuge
Personen die bezeugt, dass eine Heirat ordnungsgemäß verlaufen ist

Seite 183: dem Teufel von der Schippe springen
dem Tod entgehen

Literatur-Hinweis

Folgende Bücher haben wichtige Anregungen für diesen Roman gegeben:

Lange, Monique (1985): Edith Piaf.
Insel Verlag, Frankfurt am Main

Piaf, Edith (1966): Mein Leben.
Rowohlt Taschenbuch Verlag GmbH,
Reinbek bei Hamburg

Rosteck, Jens (2. Auflage 2013): Edith Piaf.
Hymne an das Leben.
Propyläen, Verlag der Ullstein Buchverlage GmbH,
Berlin

Für die Recherche wurden zahlreiche deutsche, französische und englische Websites genutzt.

Die Liedtexte in diesem Buch

Alle in diesem Buch abgedruckten Chansontexte wurden von der Autorin, Marion Döbert, aus dem Französischen und in Einfache Sprache übersetzt.

Über die Autorin

Marion Döbert schreibt seit 2013
für den Spaß am Lesen-Verlag.
Sie übersetzt vor allem Klassiker in Einfache
Sprache. Daneben schreibt sie bekannte Kinofilme
und Drehbücher um in Bücher in Einfacher Sprache.
Sie hat eine Vielzahl eigener Romane und
Kurzgeschichten in Einfacher Sprache geschrieben.

Marion Döbert schreibt aktuell an einer
Romanreihe über *Starke Frauen der Weltgeschichte*.

Ich singe um mein Leben über Edith Piaf ist ein
weiteres Buch in dieser Reihe.